本书为"中国博士后科学基金资助项目"
（编号 2021M700030）成果之一

金 帝 夏 宫

——崇礼太子城遗址考古发掘

河 北 省 文 物 考 古 研 究 院
张 家 口 市 文 物 考 古 研 究 所 编著
张家口市崇礼区文化广电和旅游局

文物出版社

图书在版编目（CIP）数据

金帝夏宫：崇礼太子城遗址考古发掘 / 河北省文物
考古研究院, 张家口市文物考古研究所, 张家口市崇礼区
文化广电和旅游局编著. -- 北京：文物出版社, 2022.1

ISBN 978-7-5010-7268-2

Ⅰ.①金… Ⅱ.①河… ②张… ③张… Ⅲ.①古城遗
址(考古)—考古发掘—崇礼县 Ⅳ.①K878.3

中国版本图书馆CIP数据核字(2021)第217224号

金帝夏宫——崇礼太子城遗址考古发掘

编　　著：河北省文物考古研究院
　　　　　张家口市文物考古研究所
　　　　　崇礼区文化广电和旅游局

装帧设计：秦　彧
责任编辑：秦　彧
器物摄影：宋　朝　张　冰
责任印制：陈　杰

出版发行：文物出版社
社　　址：北京市东城区东直门内北小街2号楼
邮　　编：100007
网　　址：http://www.wenwu.com
经　　销：新华书店
印　　刷：北京荣宝艺品印刷有限公司
开　　本：889mm×1194mm　1/16
印　　张：14.5
版　　次：2022年1月第1版
印　　次：2022年1月第1次印刷
书　　号：ISBN 978-7-5010-7268-2
定　　价：360.00元

编 委 会

目　录

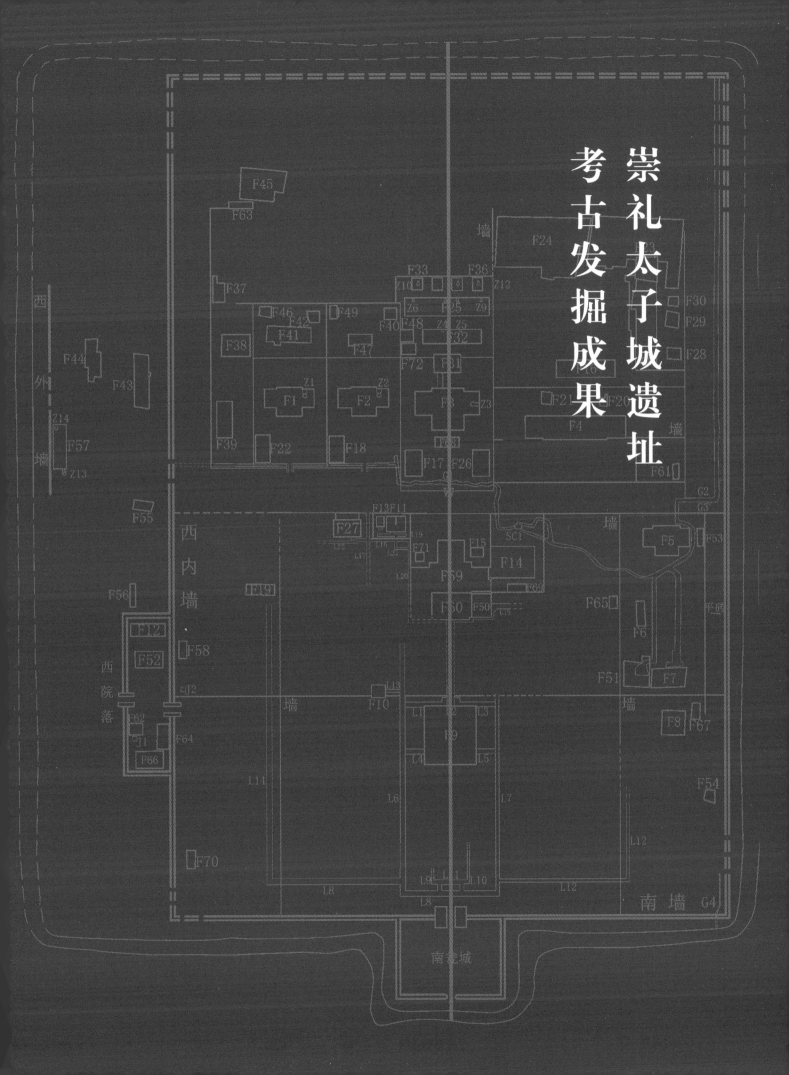

崇礼太子城遗址考古发掘成果

黄 信 胡 强 姚 庆 孙少轻

太子城遗址位于河北省张家口市崇礼区四台嘴乡原太子城村村南，北京 2022 年冬奥会张家口赛区核心位置，东侧紧邻张家口奥运村，南为太子城冰雪小镇。遗址东南距北京市区 140 千米，西南距张家口市区 50 千米，西距崇礼县城 20 千米，现为全国重点文物保护单位（图一）。为做好遗址文物保护和展示工作，保障冬奥会太子城考古遗址公园项目顺利实施，河北省文物考古研究院、张家口市文物考古研究所、崇礼区文化广电和旅游局等单位于 2017 年 5 月～2020 年 10 月，对太子城遗址进行了连续四年考古发掘，取得了重要成果。现按工作缘起、历年考古工作、2017～2020 年考古收获、主要认识、重要价值、太子城与冬奥会等六个方面，将此次考古工作简述如下。

壹 工作缘起

党的十九大报告中指出："文化是一个国家、一个民族的灵魂。文化兴国运兴，文化强民族强。没有高度的文化自信，没有文化的繁荣兴盛，就没有中华民族伟大复兴。"2014 年 2 月 25 日，中共中央总书记习近平在北京市考察工作时指出："历史文化是城市的灵魂，要像爱惜自己的生命一样保护好城市历史文化遗产。"2016

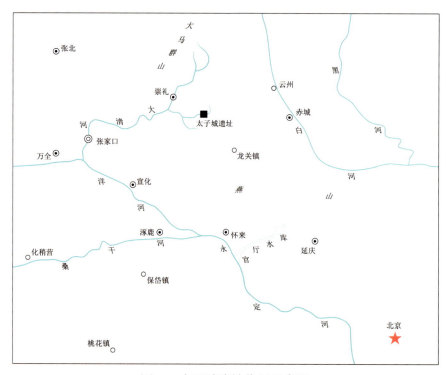

图一 太子城遗址位置示意图

年 4 月 12 日，习近平总书记在全国文物工作会议上做出重要指示："文物承载灿烂文明，传承历史文化，维系民族精神，是老祖宗留给我们的宝贵遗产，是加强社会主义精神文明建设的深厚滋养。保护文物功在当代、利在千秋。"各类古文化遗存是中华民族灿烂文化的见证者，对古遗存的保护是弘扬中华民族传统文化的需要，是实现中华民族伟大复兴的需要，是扎实推进社会主义文化强国建设的需要。古遗存中的古代城址承载着丰富的历史信息和文化内涵，是我国恢宏文明史的直接载体和典型代表，是我们的祖先以大量人力营造、并长期从事各种活动的场所，是研究我国古代历史各发展阶段政治、经济、军事、科技、文化等方面历史信息的重要标本，故对各类重要古代城址的保护和研究是我国文物事业发展中的重中之重。

太子城遗址发现于 1978 年，当时考古调查根据地表残存城垣，结合采集的白釉、黑釉瓷瓶残片，铁蒺藜等遗物，推测其为一座辽金时期的城址，划定为县级文物保护单位。2015 年 7 月 31 日，北京 2022 年冬奥会申办成功后，太子城遗址因地处冬奥会张家口赛区核心位置，故考古发掘工作提上日程。根据 2002 年 10 月 28 日公布的《中华人民共和国文物保护法》第三章第二十七条："一切考古发掘工作，必须履行报批手续；从事考古发掘的单位，应当经国务院文物行政部门批准。地下埋藏的文物，任何单位或者个人都不得私自发掘。"和第二十九条："进行大型基本建设工程，建设单位应当事先报请省、自治区、直辖市人民政府文物行政部门组织从事考古发掘的单位在工程范围内有可能埋藏文物的地方进行考古调查、勘探。考古调查、勘探中发现文物的，由省、自治区、直辖市人民政府文物行政部门根据文物保护的要求会同建设单位共同商定保护措施；遇有重要发现的，由省、自治区、直辖市人民政府文物行政部门及时报国务院文物行政部门处理。"的相关规定，河北省文物研究所（2019 年更名为河北省文物考古研究院）与市县级文物部门向国家文物局申请对太子城遗址进行正式考古发掘，并获得批准，2017 年 5 月 28 日，太子城遗址考古发掘工作正式开始。

2017 年 5 ～ 9 月，太子城遗址经考古发掘确认，时代为金代中后期，性质为皇家行宫，推测为金朝第六位皇帝金章宗夏捺钵的泰和宫。太子城遗址是中国首座经考古发掘的金代行宫遗址，是仅次于都城的重要城址，是考古发掘结构最完整的金代皇家城址。2017 年 10 月 10、16、24 日，河北省文物局组织太子城考古队分别向国家文物局、河北省政府、北京 2022 年冬奥组委进行汇报，各级领导和专家一致认为太子城遗址考古发掘意义重大，后对张家口奥运赛区原规划重新调整，奥运村整体东移 200 米，太子城冰雪小镇面积缩减 4 万平方米，将太子城遗址完整保留下来。太子城遗址整体保护与冬奥会建设统一规划，充分结合，打造人文奥运。后 2018 ～ 2020 年，太子城考古队在国家文物局和河北省文物局指导下，结合北京 2022 年冬奥会的文物保护和展示工程，对太子城遗址城内建筑基址、道路、水系等遗迹进行了选择性考古发掘，基本明确了城址最重要的轴线建筑基址的布局、营造和等级制度，达到了预期学术目的。2020 年 10 月，太子城遗址考古发掘工作结束后，考古队对所有发掘遗迹进行细沙回填。后在覆土后的遗址上垫土 1.5 ～ 2 米，太子城遗址的保护和展示工程均在此垫土上实施，确保不会对遗址本体有任何破坏。太子城遗址在北京 2022 冬奥会期间将以国家考古遗址公园方式进行保护和展示，通过遗址现场和太子城遗址博物馆将四年来太子城遗址的考古成果全面展示，相关工程由清华大学建筑设计研究院设计并实施，2021 年 11 月 30 日全部完工并正式对外开放。

贰　历次考古工作

太子城遗址发现于 1978 年，在 2017 年 5 月考古发掘前，共经历了两次考古调查和一次考古勘探，根据地表遗迹和采集遗物推测为辽金时期的一座小城。2017 ～ 2020 年的考古发掘明确了太子城遗址的规模、布局、时代、性质和价值，具体如下。

根据 2013 年 8 月国家文物局主编《中国文物地图集·河北分册》记载：太子城城址，马丈子乡太子城村南 50 米，时代辽金，县级文物保护单位，1978 年调查发现。城址平面近方形，边长约 320 米。城垣夯土筑成，现仅存残基址。采集遗物有铁蒺藜和白釉、黑釉瓷碗、瓶等残片[1]。

2008 年 6 月 25 日，全国第三次文物普查张家口市文物考古研究所对太子城遗址进行了复查。根据走访当地群众与地表遗迹情况推测，城址大致平面为长方形，南北长约 356、东西宽 276 米，面积 98256 平方米。地表采集遗物有泥质灰陶砖瓦、黑釉鸡腿瓶、四尖铁蒺藜等，据遗物推测城址时代为辽金时期。

2016 年 10 月，张家口市文物考古研究所对太子城遗址进行了考古调查与勘探。考古调查确认太子城遗址周边分别有关帝庙、练武亭遗址、太子城墓地三处古遗存，其中关帝庙、太子城墓地时代为清代，练武亭遗址时代为辽金时期。太子城遗址因地表已无迹可寻，根据遗物分布与地层堆积情况，推测城址南北约 350、东西 380 米，面积 133000 平方米。地表散布大量泥质灰陶砖瓦，砖规格有两类：方砖长 26.2、残宽 23、厚 4 厘米，条砖长 36、宽 17、厚 6 厘米。根据遗物推测，城址始建于辽代，沿用至金元时期，性质可能为县城。城址地层堆积分为 3 层：第①层：耕土层，土质疏松，黑色，厚 0.15～0.20 米，包含植物根茎，小石块等。第②层：文化层，土质较疏松，黑色，厚 0.20～0.60 米，包含物有小石块、零星砖块等，其中西南角有大量砖瓦碎块堆积，堆积较厚。第③层：砂石层，较硬，为生土层。

2017 年 5 月～2020 年 10 月，为做好北京 2022 年冬奥会的文物保护工作，河北省文物考古研究院、张家口市文物考古研究所、崇礼区文化广电和旅游局组成联合考古队对太子城遗址进行了连续四年的考古工作，确认其为一座平面呈长方形的城址，南北 417.53、东西 343.05 米，方向 158°，西墙有两道，间距 64.15 米。城门仅确认南门 1 座，门外有瓮城，外围有护城河。城内钻探共确认建筑基址 72 座、井 2 口、灰坑 9 座、道路 22 条、水沟 4 条。考古发掘确认太子城遗址时代为金代中后期，性质为皇家行宫，推测为金章宗夏捺钵的泰和宫。

太子城的相关文献记载较少，分别在《宣大山西三镇图说》[2]《口北三厅志》[3]《张北县志》[4]等方志中有所提及，但主要是对其位置的描述，其他内容很少。关于太子城的时代和性质，《口北三厅志》《张北县志》提到旧传"城为秦筑以居太子扶苏者"，另《口北三厅志》据《辽史·本纪》中"太子山"的记载，推测太子城时代为辽代。以上观点主要根据传说和史料推测，未有考证或研究依据。

近年来，有关太子城的研究文章不多，多为 2017 年考古发掘确认其为金代中后期皇家行宫以后的报道和简报，主要有：《河北崇礼太子城发现一处金代行宫遗址》[5]《太子城：从金代行宫到冬奥之城》[6]《河北张家口市太子城金代城址》[7]等。研究论文仅《论定窑"尚食局"款瓷器的分期问题》[8]1 篇，通过对太子城遗址出土"尚食局"款瓷器的胎釉、器形、装饰等分析与研究，确认其均为河北曲阳定窑金代中后期产品。与太子城遗址相关的金代捺钵研究论文有 3 篇：《金代帝王季节性的游猎活动》[9]《金代皇帝的"春水秋山"》[10]《金代捺钵研

[1] 国家文物局：《中国文物地图集·河北分册》，文物出版社，2013 年。

[2] （明）杨时宁：《宣大山西三镇图说》（万历三十一年刊本），《宣府镇图说》。

[3] （清）金志节、黄可润：《口北三厅志》（乾隆二十三年刊本）卷三《古迹》，成文出版社有限公司印行，1968 年。

[4] （民国）陈继淹修，许闻诗纂：《张北县志》（民国二十四年铅印本）卷二《古迹》，成文出版社有限公司印行，1935 年。

[5] 河北省文物研究所等：《河北崇礼太子城发现一处金代行宫遗址》，《中国文物报》2017 年 12 月 15 日。

[6] 黄信：《太子城：从金代行宫到冬奥之城》，《光明日报》2019 年 6 月 30 日。

[7] 河北省文物研究所等：《河北张家口市太子城金代城址》，《考古》2019 年第 7 期。

[8] 黄信：《论定窑"尚食局"款瓷器的分期问题》，《文物春秋》2019 年第 4 期。

[9] 劳延煊：《金代帝王季节性的游猎活动》，《大陆杂志史学丛书》第二辑第三册，1961 年第 23 期。

[10] 都兴智：《金代皇帝的"春水秋山"》，《北方文物》1998 年第 3 期。

究》[1]，另有《辽代四时捺钵考五篇》[2]《三朝夏宫杂考》[3]及日本学者的《辽代春水考》[4]《达卢古考》[5]等论文提及少量金代捺钵内容。

叁　2017～2020年考古收获

田野考古工作是考古学研究的基础，其工作内容和步骤可分为考古调查、考古勘探、考古发掘和资料整理共四个部分。考古调查是田野考古工作的前提和基础，通过对拟工作对象已有考古成果、历史文献、地图、遥感照片以及地质、环境等相关资料的收集和分析研究，确认遗存的位置、范围与面积、堆积状况、年代与文化面貌、保存现状等，为下一步考古工作做好基础。考古勘探是在考古调查基础上，借助于工具深入地下了解古代遗存堆积状况的一种方法，包括普探和密探。普探适用于大面积情况不明的遗存，密探是在发现遗迹后，对遗迹进行重点钻探，以了解其范围、结构、深度、种类等信息，为下一步考古发掘工作提供基础。考古发掘是在前期考古调查和勘探的基础上，制定考古工作计划，报请国家文物局批准后，对遗存进行的有目的、遵守工作规程和监督管理的考古工作。考古发掘的同时，需根据工作对象特点，与各高校和科研院所合作，进行相关文物保护、建筑考古、环境考古、动植物考古等课题研究，为多学科研究提供资料。资料整理是按照一定的技术要求对田野考古获取的资料进行整理和研究，运用地层学、类型学方法分析考古资料，确认遗存的相对和绝对年代，刊布发掘成果，并移交文物和各类发掘资料。现将太子城遗址考古工作历程、多学科合作成果、重要考古收获简介如下。

一　考古调查

太子城遗址是1978年考古调查发现的，经过2008年6月、2016年10月两次现场调查和勘探，基本确定了遗址的范围、保存现状和时代。2017年太子城遗址考古发掘明确了其时代为金代中后期，性质为皇家行宫，以其为中心的考古调查随之开展。经2018～2020年持续的考古调查，基本明确了太子城遗址使用期外围相关遗存和城址的分布情况。

根据文献记载、考古调查和捺钵研究，太子城使用期皇帝的捺钵活动和辐射范围基本可分为三个层次：第一层次是太子城遗址为中心的太子城盆地。该盆地约为圆角方形，东高西低，东至赤城崇礼交界山脊、西至马丈子村东山口，面积约118平方千米。盆地外围高山环绕，三条河流在太子城遗址西侧交汇后西流，风景宜人。盆地只有东西两个出入口和东西向道路一条，安全性非常好，在东西向道路上考古调查确认了14处太子城使用时期的小型建筑基址，应为负责戍守的固定哨所。太子城盆地为皇帝捺钵期间办公、起居、游玩的核心地区，与古代都城宫城外的皇城作用相似。另通过对太子城东南18千米金代龙门县（赤城县龙关镇）的调查和考证，推测其为太子城夏捺钵期间的后勤保障之地。第二层次是太子城盆地外围及东侧的白河流域。据《金史》载，金章宗夏捺钵的地点为泰和宫和云龙川，而云龙川即太子城盆地东侧的白河河川，故可基本明确：金章宗夏捺钵是以太子城为居住地，外围的太子城盆地和白河河川为主要渔猎区域的综合性活动，泰和宫（太子城遗址）、龙门县（现赤城县龙关镇）、云龙川（现赤城县云州乡与龙关镇一线）共同组成了金章宗夏捺钵的主要活动区域。该区域考古调查发现多处金代遗址，其与太子城遗址关系需进一步考古工作来确认。第三层次是太子城遗址西

[1]　刘浦江：《金代捺钵研究（上）》《金代捺钵研究（下）》，《文史》1999年第四辑、2000年第一辑。

[2]　傅乐焕：《辽代四时捺钵考五篇》，《辽史丛考》，中华书局，1984年。

[3]　周良霄：《三朝夏宫杂考》，《文物春秋》1998年第3期。

[4]　〔日〕池内宏：《辽代春水考》，《东洋学报》第6卷2号，1916年。

[5]　〔日〕津田左右吉：《达卢古考》，《满鲜地理历史研究报告二》，1916年。

北部的金代桓州、昌州、抚州一带（现冀西北地区），该地区为金蒙对峙的前沿地区，是金代皇帝夏捺钵活动需要展现政治、经济、军事实力的场所。该区域遗址主要为金界壕附近的戍堡或有军事意义的州县级城市等，考古调查共确认与太子城遗址同期城址 22 座，为金章宗夏捺钵的活动区域、政治和军事寓意等研究提供了重要资料。三个层次的捺钵区域分别体现了金代皇帝捺钵时居住、渔猎、巡行与震慑等不同的功能需求，为金代捺钵制度研究提供了考古资料。

二 考古勘探

太子城遗址总面积约 14.32 万平方米，2017 ～ 2020 年考古发掘总面积约 16000 平方米（其中有太子城建筑构件生产地砖瓦沟遗址 1000 平方米），根据考古工作和遗址保护要求，城址内所有建筑基址不可能全部进行考古发掘，故对遗址整体布局的确认与研究需要考古发掘与勘探工作同步进行，在达到学术目的同时，最大限度减少对遗址的干扰和破坏。

在 2017 ～ 2020 年的考古发掘进行中，考古勘探工作一直同步开展。考古勘探采取 2 米 ×2 米和 1 米 ×1 米梅花孔两种布孔方式，首先采用 2 米 ×2 米梅花孔对太子城遗址内外约 20 万平方米范围全部进行考古普探，基本明确了太子城护城河、城墙、城内建筑基址、道路、水系等具体位置与营造方式，为考古发掘点的选择提供了准确依据。考虑到城内各建筑基址多位于不同的院落内，而院落的围墙宽度多为 0.3 ～ 0.4 米，2 米 ×2 米梅花孔布孔方式对于院落围墙的确认间距太大，故对各基址之间推测有院墙的区域采取 1 米 ×1 米梅花孔布孔方式，通过勘探确定了各院落间围墙的具体位置，为城内各功能区的划分提供了依据。经考古勘探和测绘，太子城城内共确认建筑基址 72 座、井 2 口、灰坑 9 个、道路 22 条、水沟 4 条，为下一步的考古发掘工作提供了翔实的依据。

三 考古发掘

（一）工作进程

2017 年 5 ～ 9 月，发掘面积 6000 平方米，主要对城址南门与瓮城、西院落、9 号基址、3 号基址、2 号基址等共 5 处地点进行了考古发掘，基本搞清了城址自南门至中心大殿南北中轴线上主要建筑基址的布局与分布情况、西院落的营造方式、南区主要道路情况等。出土遗物主要有建筑构件、陶瓷器、金属构件等三类，其中建筑构件数量和种类最为丰富。建筑构件以泥质灰陶筒板瓦和条砖、方砖为主，其中有大量条砖上戳印"内""宫""官"款，另有泥质灰陶兽头、嫔伽、凤鸟、套兽及绿釉云鹤纹脊饰、莲座等高等级建筑构件。陶瓷器以各类白釉印摩羯纹碗、盘为主，此类瓷器底部均刻"尚食局"款，数量最多，另有白釉素面碗、墨书"官"款化妆白瓷碗、青釉盒、黑釉鸡腿瓶等。铜、铁构件数量不多，主要有鎏金小龙头、六瓣花形门钉、铜坐龙、铁铺首等。从清理遗迹和出土遗物分析，太子城遗址时代为金代中后期，性质为皇家行宫遗址，结合文献记载，推测其即《金史》中记载金章宗夏捺钵的泰和宫。

2018 年 5 ～ 11 月，共发掘 6000 平方米，对南门北部、9 号基址外围、三号院落、一号与二号院落南院、东南角、城西外基址等 6 处地点进行了考古发掘。南门地点主要对南门北侧道路进行清理，基本搞清南门进入太子城后的道路情况，另对南墙与瓮城东墙进行解剖，搞清了太子城城墙与瓮城墙的营造方式。9 号基址重点对台基进行了解剖，确认其存在前后两期营造过程，另外对其西北侧的小型建筑进行揭露，明确了其为 9 号基址附属建筑。三号院落的全面揭露明确其由南北两院组成，南院由主殿、东西配殿、后殿组成，北院由两组长条形基址及 5 座长方形小基址组成。一号与二号院落的发掘确认，其平面布局与三号院相似，仅规模较小。城址东南角发掘确认，其形制为南墙与东墙直接相交，没有角台及附属建筑。城西外基址为太子城外围的一处戍守点，为很小的单体建筑，位于城西约 690 米，扼太子城西侧谷口。

2019 年 5 ～ 11 月，共发掘 3000 平方米，重点对前朝后寝过渡区的五十九号院落、十一号院落、十四号院落、

27号建筑基址进行发掘，明确了该区域建筑基址的布局、营造方式、道路系统等重要信息。另对西外墙、北墙、东墙中部3处地点进行解剖发掘，基本明确了西外墙的规模与营造方式、北墙位置及东墙营造方式等，为进一步探索太子城的规模、建筑布局、功能分区等提供了翔实考古资料（图二）。

2020年5～10月，共发掘1000平方米，对太子城遗址建筑构件的生产地砖瓦沟遗址进行考古发掘，共清理窑炉35座、作坊2座、灰坑6个、灰沟2条、路1条。窑炉分为带窑箅火道的竖穴窑和半地穴式的半倒焰窑两类，作坊均为浅穴式，内部垫土平整后直接铺砖，灰坑、灰沟内主要为窑业废弃物堆积。遗物以泥质灰陶砖瓦和建筑构件为主，另有少量陶器、瓷器和铜钱等。砖瓦沟遗址属太子城遗址附属遗存，是为建造太子城而设立的临时性御用砖瓦窑场，该遗址的发现为探讨金代后期皇家砖瓦窑场的选址、结构、功能分区、产品运输等问题提供了考古资料。

（二）主要遗迹

2017～2020年发掘面积共16000平方米，清理遗迹可分为：轴线建筑、附属院落、城墙、道路、水系、窑址等六组（图三），现分别简述如下。

图二　2017～2019年太子城遗址总发掘区航拍图

1. 轴线建筑

经考古发掘确认，南门与瓮城、9号基址、五十九号院落、三号院落共同组成了太子城遗址的轴线建筑组群。

南门与瓮城

南门单门道，宽4米，底部用侧立砖与石板间隔垒砌，中部两端残有门砧石。门道两侧各有一长方形墩台，外侧包砖，内夯土。每个墩台内有6枚边长1.4～1.6米的方形磉墩，可知城址南门建筑布局为面阔三间，进深两间。瓮城位于南城门外，东西54、南北38.5米。瓮城门位于瓮城南墙中心，与城址南门为一条直线，同为单门道，宽4米。瓮城墙与护城河间距约7米，河外有宽约6米土路（图四）。

9号基址

位于城址南区中部，南距南门68.7米，为太子城内单体面积最大，等级最高的建筑。基址平面长方形，南北29.2、东西26.2、残高0.35米。外侧包砖，内夯土，共发现南北4列共30个边长1.8～2.1米的方形磉墩。通过解剖确认9号基址的营造可分为两期：第一期基址平面为方形，边长26.2米，共使用磉墩16枚，建筑布局为面阔三间，进深四间；第二期基址南扩3米成为长方形，新做磉墩14枚，同

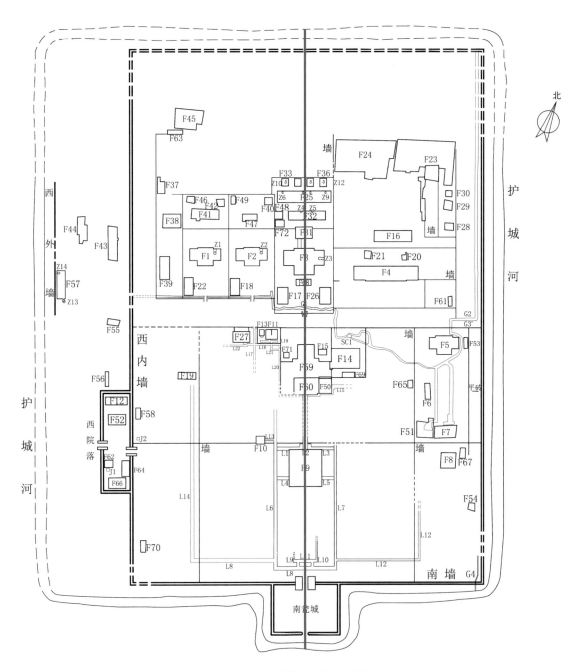

图三　太子城遗址总平面图

时利用第一期的 6 枚磉墩，建筑布局与第一期基本相同，仅北侧主殿面积增大。在基址东、西、北部分别有宽 4、4、4.5 米的台阶踏道通向基址顶部（图五）。

五十九号院落

位于南区北部，南距 9 号基址 36.29 米。南北 52.69、东西 40.45 米。由主殿 59 号基址和西北、东北部的 2 座小型基址组成。59 号基址平面呈双凸形，南北 39.49、东西 40.45 米，外侧包砖，内夯土。59 号基址上部叠压 60 号和 50 号 2 座基址，其中 60 号基址位于南北轴线上，平面长方形，东西 19.48、南北 13.62 米，发现磉墩 8 枚，可知其建筑布局为面阔三间，进深一间，南向，有台阶踏道。50 号基址位于 60 号基址东侧，残存磉墩 7 枚，建筑布局为面阔三间，进深两间，东向，有台阶踏道（图六）。

图四 南门与瓮城（上为北）

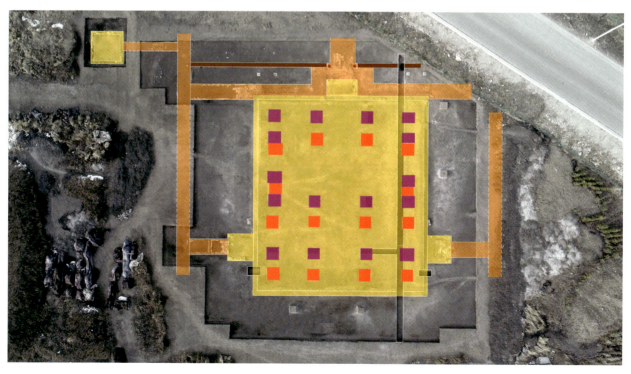

图五 9号基址（上为北）

图六　五十九号院落（上为北）

三号院落

位于城址北区中心，南北轴线上，南距五十九号院落8.93米。平面约为长方形（西北角略外扩），南北105.38、东西46.7米，由南北两院组成。南院由主殿、东西配殿和后殿组成。主殿3号基址平面凸字形，发现28枚边长约1.5米的磉墩，可知建筑布局为中心区面阔三间，进深四间；东西挟屋，各面阔两间，进深三间。东、西、南、北各有一台阶踏道。东西配殿和后殿均长方形，平面布局均面阔三间，进深一间，朝向院内有台阶踏道。北院由前、中、后三组建筑基址组成，中部的25号基址为主房，平面长方形，东西42.71、南北9.64米，发现磉墩33枚，建筑布局为面阔十间，进深两间，北侧有灶4座（图七）。

2. 附属院落

共清理5座，分别为一号院落、二号院落、十一号院落、十四号院落、西院落。一号和二号院落形制和规模完全相同，二者与三号院落共同组成太子城遗址寝宫区。十一号和十四号院落位于五十九号院落西、东两侧，西院落位于西内墙南半段的中心位置。现简介如下。

一号院落

东邻二号院落，两院间有围墙相隔。平面长方形，南北81.03、东西36.99米，由南北两院组成。南院由凸字形主殿和西配殿组成。北院未发掘，从钻探情况可知共有3座建筑基址，其中主殿41号基址位于北院中部，平面东西长条形，南侧西部有踏道；其他2座基址位于北院的东北和西北角，应为与三号院落北院最北组建筑相似的小型基址。

二号院落

西邻一号院落，东邻三号院落，均有围墙与两院相隔，由南院和北院组成。南院有主殿和西配殿，主殿2号基址平面凸字形，南北15、东西26.2米，外侧包砖，内夯土。基址内分布26个边长1.2～1.4米的磉墩，可知其平面布局与3号基址相似，仅东西挟屋进深二间。西配殿位于主殿西南部，建筑布局为面阔三间，进深一间，东向，有踏道。北院未发掘，经钻探可知共有3座建筑基址，其中47号主房位于北院中部，东北和西北角各有一长方形小基址。

十一号院落

位于遗址中部，轴线院落五十九号院落西侧。平面为长方形，东西19.27、南北12.43米。该院落内共有

图七　一、二、三号院落（上为北）

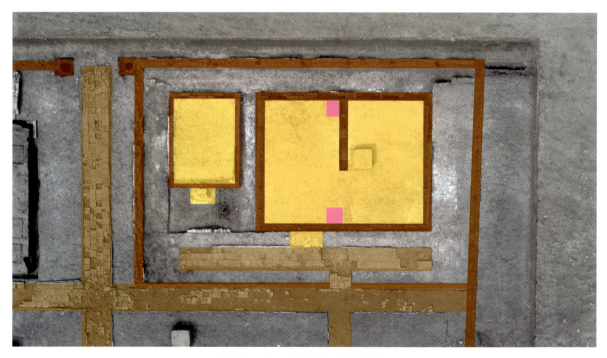

图八　十一号院落（上为北）

基址 2 座。东侧 11 号基址东西 9.73、南北 7.54 米，中部有一南北向隔墙，隔墙两端各有一方形础石坑，南向，西南部残存踏道遗迹，宽 1.8 米，与院内南侧道路相通。西侧 13 号基址平面长方形，东距 11 号基址 0.95 米，南北 5.21、东西 4.02 米，南向，南部正中有踏道遗迹。院落南部有一东西向砖铺道路，长 14、宽 1.23 米，与院落外道路相通。门道位于南墙中部偏东，宽约 1.03 米，与院外道路相连（图八）。

图九 十四号院落（上为北）

十四号院落

位于遗址中部，五十九号院落东侧。平面长方形，东西 27.68、南北 39.31 米。院落内共有基址 2 座，主殿 14 号基址平面长方形，东西 22.76、南北 15.34 米，共发现磉墩 14 枚，建筑布局为面阔四间，进深三间。东侧存有灶、火道、烟囱等遗迹，推测主殿最东侧一间原有炕。14 号基址北部有一石块砌筑的椭圆形水池，口部菱花形，东西 3.13、南北 2.52 米，东西两侧各有一进水口和出水口。69 号基址位于院落南侧，为一长方形小型建筑基址（图九）。

西院落

位于遗址西南部，西内墙外侧。平面长方形，南北 79、东西 25.3 米，内有建筑基址 5 座、井 1 口。有东西 2 门，规模和形制相同，均单门道，门道宽约 3 米，门道两侧各有一长 8.7、宽 1.9 米的长条形墩台。5 座建筑基址可分为南北两组，北组由 12 号和 52 号 2 座东西向长条形基址组成，均未发现磉墩遗迹。南组由 66 号、64 号、62 号 3 座建筑基址组成，其中南部 66 号基址为主房，其余 2 座为附属建筑基址（图一○）。

3. 城墙

2017 ～ 2020 年，共对太子城遗址东墙、南墙、东南角、西内墙、西外墙等 5 处地点进行了清理和选择性解剖。考古发掘确认太子城东、南、西内墙规模和形制相同，墙体宽 2 米，两侧包砖，内芯土石混筑，包砖内有木柱，间距约 3 米（图一一）。西外墙为黄褐土夯筑，顶宽 4 ～ 4.7 米、底部最宽处 6.4 米，地下部分残高 2.1 米，两侧有河卵石护坡。

4. 道路

太子城遗址共发掘道路 22 条，按宽度和砌筑方式基本可分为三类：第一，城内主干道，宽 3.8 ～ 4 米，砌筑方式为侧立砖错缝铺砌。第二，各院落间道路，宽 0.8 ～ 3.8 米，用方砖错缝平铺。第三，院落内部小道，宽 0.8 ～ 1.8 米，用方砖或长条砖错缝平铺。

图一〇　西院落（左为北）

图一一　太子城南城墙及墙内柱（上为北）

5. 水系

共发掘排水沟4条、排水道18个、护城河5段。排水沟中G1是城址内一条重要主水道，自城址东北角入城，沿东墙内侧南行，至城址中部西拐，穿越寝宫区一二三号院落后，向西注入护城河。18个排水道均砖砌，有二排水孔，其中西院落13个，南瓮城5个，均分布于两处遗迹的东西墙体下，结合地势情况可知排水方向为自西向东。5 处护城河的发掘点分别为东护城河中段、南门外护城河、南护城河西段、西护城河中段、北护城河。通过对护城河宽度、深度和河底海拔的测绘明确了护城河内河水的流向为自北向南、自西向东。

6. 砖瓦沟窑址区

位于太子城遗址西 11 千米，面积约 8 万平方米，2019～2020 年共清理窑炉 35 座、作坊 2 座、灰坑 6 个、灰沟 2 条、路 1 条（图一二）。发掘确认砖瓦沟窑址区出土遗物与太子城遗址相同，是为建造太子城而专门设立的临时性御用窑场。窑炉多南北向，由工作坑、窑门、火膛、窑床、窑壁、烟囱共 6 部分组成。工作坑位于窑室南侧，平面长方形。窑门位于工作坑北，顶部拱形，两侧近直；整体用单层素面条砖封砌，留有观火孔和通风孔。火膛平面呈圆角等腰梯形，弧壁平底，北部挡火墙以单层素面条砖垒砌。窑床平面近半圆形，底部平整，有青灰色烧结面。窑壁保存高度一般 1.2～1.5 米，窑顶均无存。烟囱位于窑室北端，共 2 个，东西并列，形制相同，与窑室通过"Y"形烟道相连（图一三）。

（三）重要遗物

太子城遗址出土遗物以各类泥质灰陶砖瓦、鸱吻、兽头、嫔伽、凤鸟等建筑构件为主，另有部分绿釉建筑构件、铜铁构件、陶瓷器、鎏金龙形饰等，其中青砖上多戳印"内""宫""官"款，部分鸱吻上有标识其位置、编号与等级的刻款。瓷器以定窑白瓷为主，发现刻有"尚食局"款 22 件，另有类汝窑青瓷盒、黑釉鸡腿瓶罐等。铜器有坐龙、器座、铜镜等残件。砖瓦沟遗址出土遗物与太子城相似，主体为各类砖瓦和建筑构件，其中有大量"内""宫""官"款砖，另出土刻"修内司"款的泥质灰陶脊饰 1 件。

1. 建筑构件

太子城遗址出土的建筑构件按材质不同可分为陶、石、木、金属四类，其中陶质建筑构件数量最多，种类最丰富。陶质建筑构件可分为瓦作和砖作两大类，瓦作类构件主要有鸱吻、脊饰、兽头、凤鸟、嫔伽、仙人、套兽、脊瓦、当沟瓦、筒瓦、板瓦等 11 类；砖作类构件有条砖、方砖、花纹砖等 3 类。陶质构件胎体除绿釉类为泥质红陶外，

图一二　砖瓦沟窑址第Ⅰ区（上为北）

其余均为泥质灰陶，较坚致。石构件数量较少，仅见柱础石。木作类构件多已无存，仅发现平梁和椽子等2类。金属构件数量较多，主要有铜帽钉、铜包角、铁钉等。现分述如下。

（1）瓦作

鸱吻

发现的数量较多，但均为残块，仅复原1件。其基本形制相似：两侧为贴塑鸱吻面部、尾羽的平板，中间为三道垂直于面板的连接板，其中后连接板同时是鸱吻的后端部。大型鸱吻由多个单元组合而成，小型鸱吻由上下两部分组成。在遗址南门、9号基址、五十九号院落、东南角分别出土刻"□字四尺五""七尺五地""五尺五""天字三尺"等款识的鸱吻残件，同时通过比对确认，目前已发掘的北区3号基址、西院落出土的鸱吻，分别与南门、东南角出土鸱吻规格相同，这为复原太子城遗址轴线建筑的等级秩序、轴线与附属建筑的营造制度等提供了实物资料。

图一三　砖瓦沟第Ⅰ区Y15全景

脊饰

数量较少，均为残件。按质地可分为泥质灰陶和泥质红陶2类。泥质灰陶脊饰相对较多，出土地点有太子城南门、砖瓦沟第Ⅰ区Y12和Y20共3处，其基本形制为：球形腹，腹部一周有4组纵向火焰纹装饰，顶部为葫芦形宝珠，其中Y20的一件残块上刻"修内司"款。泥质红陶脊饰数量较少，均外施绿釉，出土地点有西院落64号基址和J2，形制有云鹤纹弧板、莲叶形和卷草纹饰件等3类。

兽头

数量较多，多为残件，由外凸的龙首形陶塑和板瓦状弧板组成，形制基本相同。龙首形陶塑口大张，吻上扬，口内有上下牙，舌扁平呈S形回卷，正对龙口后侧弧板上有一圆孔贯通。龙首平额，眉毛宽扁，眉身分三股，前端回卷，尾部上扬。龙眼长圆，双目圆睁，凸睛前置，眼白半月形。眼后为弧边三角形耳，耳廓有筋线，中空。腮肉圆鼓，绕于口旁，后为弧边长条形虬髯或腮翅。下颌方正，下刻划三角形状短须，两侧各有一绺长须，向后飘扬。板瓦状弧板正面用两道"八"字形纵刻线及双横弧线表示龙身胸腹部，两侧有反向"S"形纹。

嫔伽

数量较多，多为残块，依建筑等级不同，大小有所区别，形制相似，性质为屋顶蹲兽的引领者。其基本形制为：上身人形，下身鸟形，立于兽头形筒座上。面部丰颐，细目凸睛，小口，下颌圆润。头戴花蔓冠，缯带由耳后侧垂下，搭于肩部。上身着半袖素衣，胸前开敞，双臂上曲，双手捧四曲圆盒状物。条状帔帛自双上臂绕过后自然下垂呈"U"形，另两端贴双腿下垂至底座上，呈"S"形后飘。背生双翅，翅上层为蕉叶形短覆羽，下两层为长飞羽。下身大腿上有蕉叶形短覆羽，跗跖上饰横向凹弦纹。爪四趾，趾端有尖甲。正面两腿间刻竖向凹弦纹表示羽毛，不规整。尾部向后平伸，用长凹弦纹表示尾羽。底座兽头形，瞪目张口。嫔伽头内中空，顶部有一圆孔，颈项处实心榫状。身内、底座和尾部中空，相互贯通。

仙人

数量较少，多为残块，人形，女性，头部与嫔伽相同。性质与嫔伽相同，为蹲兽的引领者。基本形制为：

上身前倾，立于云头形座上。面部丰颐，细目凸睛，鼻梁较矮，小口，下颌圆润。头戴小花蔓冠，缯带由耳后垂下。上身长袍，广袖下垂。双臂上曲，双手拢于胸前，手捧花蕾。窄长条形帔帛自双肩绕过，正面自肩部下垂至腋下，后呈 S 形飘向身体两侧，背部自肩下垂呈 U 形。下身着裙，背面腰部有下垂绦带，偏上部十字形系结装饰。底座云朵形高筒，两侧各饰卷云纹 2 朵。头内中空，顶部有一圆孔。身体和底座中空，相互贯通。头部前后半模合制，身躯、底座左右半模合制，头与身体通过实心榫柱连接。

凤鸟

数量较多，多为残块，依建筑等级不同，尺寸有别，形制相似。基本形制为：祥云状高冠，眉细长，眉身分三股，尾部上扬。细长目，圆睛微凸前置，眼白三角形。喙部较大，喙尖下勾。面颊圆鼓丰满，后有窄腮羽，上为卷曲状耳。头后发羽较长，下披后上扬。颈细长呈"S"形弯曲，颈羽窄蕉叶形。腹部微凸，颈腹部饰多道横向凹弦纹。身披宽蕉叶形羽，上有凸弦纹羽脉。背生双翅，尾羽向斜后方下垂，中空。大腿上有覆羽，后侧有腿毛两绺。跗跖细长，上饰横向凹弦纹。爪有四趾，趾端有尖甲。正面两腿间模制云头向前的卷云一朵，底座素面圆筒形。身内、底座、尾部中空，相互贯通。

套兽

数量较少，均为残片，无可复原器。基本形制为：龙首方筒形，中空，眉毛宽扁，眼眶高起呈波浪形，怒目圆睁，眼球前置，眼白半月形。口部抿合，上下獠牙外突。腮肉凸起，腮翅连弧三角状后扬，中部起棘刺。颌下有三角状短须，颈部刻划横向双弧线，两侧刻划"八"字形双竖线。

脊瓦

可分为条子瓦、线道瓦、合脊筒瓦 3 类。其中条子瓦多以板瓦打制，有少量为筒瓦，一侧缘不规整，另一侧缘以下施白灰，上绘墨彩。线道瓦均以筒瓦制作，一侧缘不规整，另一侧缘平整。侧缘平整一侧的筒瓦瓦面下施白灰，上绘墨彩，有全涂墨、涂墨线等多种形制，墨彩宽窄亦有不同。合脊瓦均用筒瓦，凸面满绘白或褐彩。

当沟瓦

数量较少，多以不同规格的筒瓦在建筑施工现场斫制而成。从现存形制看，制作方式应为：用建筑工具在筒瓦一侧两端斫刻出适合压砌瓦垄顶端筒瓦的双弧形构件。

筒瓦

数量较多，可分檐头筒瓦和一般筒瓦 2 类。檐头筒瓦由瓦当和后附筒瓦两部分组成，瓦当均兽面形，形制基本相同，由当心兽面、外围凸棱和边轮三部分组成。瓦当直径 8～15 厘米，兽面形制有双角、单角、衔环等类型。一般筒瓦和后附筒瓦均瓦舌较短，内布纹外素面，侧缘内切，按尺寸有多种规格。

板瓦

数量较多，可分檐头板瓦和一般板瓦 2 类。檐头板瓦由滴水和后附板瓦两部分组成，滴水均为连弧纹，形制总体相同，纹饰有横向三段、四段、五段、六段式等 4 种，各段式上部均由素面凸棱和间断左向戳印坑窝纹组成，最下部为连续按压波浪纹。一般板瓦和后附板瓦均内布纹外素面，边缘有内切痕。

（2）砖作

有长条形砖、沟纹方砖、花纹砖 3 类。

长条形砖

正反均素面，尺寸多为长 35～36、宽 17.5～18、厚 5～5.5 厘米。有大量砖正面或侧面戳印"内"款，部分砖上戳印"宫""官"款。

沟纹方砖

以正面平素背面沟纹为主，尺寸主要为边长 35～36、厚 5～5.5 厘米。部分砖背面戳印"内"款。

花纹砖

有长条形、长方形和方形 3 类。长条形花纹砖均用条形素砖雕制，在一侧缘雕制菱格形、窄莲瓣形、宽莲瓣形纹饰 3 类。长方形砖均饰壶门形开光，有壶门内雕制束莲纹和模印牡丹或束莲纹两类。方形花纹砖仅正面模印花叶纹，背面手印纹一类。

（3）木作

数量很少，仅在西院落的井内发现平梁与椽子残件，应为西院落内地上建筑损毁倾覆时掉入水井（编号 J1）内而被保存下来。平梁保存相对较好，为长条形，残长 1.55 米，横截面方形，边长 0.2 米，中部有一长方形卯口。一端为弧形，端部有一边长 0.15 米的平面。平面中部残存一小榫头；另一端损毁，形状不明。从平梁尺寸推测其为四架椽屋木构件，综合其位置与西院落内 5 座建筑基址的规模与分布情况，推测该平梁应为最南端 F66 号建筑基址的屋顶构件。

（4）石作

石质构件数量较少，主要为单体建筑基址外围的方形柱础石，在 3 号和 2 号基址外围发现多件，形制和尺寸相似，边长约 0.38、高约 0.15 米，可分为两层，下层方形，上层抹角方形，中心有榫孔，上原应有木柱。

（5）金属构件

铜质构件有铜环、铜匕形器、铜包角、蘑菇形铜帽铁钉、六瓣花形铜帽铁钉等。铁质构件以各种形制、尺寸的铁钉数量最多，另有铁叉形器、铁铺首衔环、铁条形器、十字形铁器等。

2. 生活用器

（1）瓷器

按釉色分白釉、青釉、黑釉、酱釉四大类，其中白釉器数量最多，青釉器数量最少。白釉可分为细白釉瓷与化妆白瓷两类，其中细白釉瓷均为河北曲阳定窑产品，胎薄质坚，釉色莹润，器形有碗、盘、杯、器盖、壶、罐等，除素面外，装饰方法有刻花、划花、印花等，其中印花器数量最多，发现外底刻"尚食局"款碗、盘类器物 22 件。化妆白瓷均浅灰胎，胎体坚致，施化妆土后，内施满釉，外施釉及下腹，多素面。器形目前只发现碗和盘两类，碗形制均圆唇、敞口、深斜曲腹、高圈足，内底多有 9 ~ 10 枚椭圆形砂堆支烧痕，部分外腹露胎处与底部墨书"官"字。盘仅发现 1 件，圆唇、敞口、浅曲腹、内刻花，外素面。青釉器出土数量较少，可分两类：一类仅发现洗 1 件，香灰色胎，细腻坚致，青釉泛灰白，内外及圈足满釉，内壁有细碎开片。素面，裹足支烧，外底有芝麻形支钉痕。另一类有碗、盒两种器物，浅灰胎泛白，坚致，釉色天青，莹润，有冰裂纹开片，素面，制作规整。黑釉器数量不多，胎多灰黄褐色，坚致，釉色较亮。器形有双耳罐、鸡腿瓶等。酱釉器数量较少，胎质、器形与黑釉器相同。

（2）陶器

陶器数量很少，均为泥质灰陶，可辨器形有瓮、盆等。

（3）铜器

铜器与铜饰件数量较少，主要有坐龙、器座、铜镜、龙形饰等。坐龙共发现 2 件，其中 1 件保存完整，整体屈坐，肩微前弓，前右腿上抬，下踏祥云，前左腿直立，双后腿向前平伸。双前腿肘部两侧伸出卷云状双翼，尾部和背部饰卷云纹。另 1 件保存较差，仅存双后腿和尾部，推测应为左前腿踏祥云。器座由上部碗形和下部方形构件组成，外部满饰多层花卉纹和云龙纹，内中空，结合其形制及与坐龙出土于同一地点，推测应为坐龙的器座。铜镜仅发现 1 枚，残存约半，镜面平素，背面水波纹。龙形饰件共发现 3 件，均龙首中空，头顶双角、口部微张，吻部外突上扬，下颌尖短有须，颈部鬣毛长而上扬，其中 1 件外部鎏金。

（4）铜钱

铜钱共发现 77 枚，其中北宋铜钱数量最多，共 69 枚，另有五铢 1 枚、开元通宝 5 枚、唐国通宝 1 枚，钱文不明 1 枚。北宋铜钱中最早为宋太宗时期的淳化元宝，最晚为宋徽宗时期的政和通宝，数量最多为宋仁宗时期的皇宋通宝和宋神宗时期的元丰通宝，均为 11 枚，其他时期数量均较少。

3. 防御类器物

此类遗物器类和数量均较少，仅发现少量铁鸣镝和铁蒺藜。

（四）多学科合作

为全面采集太子城遗址的各方面信息，探索遗址使用期的地上建筑、环境、动植物组群等，更好的复原和研究古代人类生活，同时做好相关的文物保护和展示工作，太子遗址考古队十分重视多学科合作。在考古发掘过程中，分别有建筑考古、瓦作研究、文物保护与科技检测、环境考古、动植物考古、辽金史学界、数字考古、文物展览等团队参与太子城遗址的考古发掘和文物保护展示工作，均已取得阶段性成果，现择要简述如下。

1. 建筑复原研究

北京大学考古文博学院徐怡涛教授团队负责。课题研究以考古发掘的遗址现状和遗存信息为依据，同时参考历史文献及建筑实例，对太子城的营造尺、城墙、轴线建筑等均进行了复原研究。根据太子城遗址主要建筑布局、磉墩间距、现存宋金建筑实例等信息，推定太子城的营造尺为 31 厘米。根据金代中后期官式建筑基本延续了北宋《营造法式》制度的学界共识，对城墙和轴线建筑群按法式制度进行了复原：太子城城墙底宽 2.015、顶宽 1.008、高 4.03 米。南门为单檐庑殿顶建筑，面阔三间，进深六椽，殿阁造，用平棊。9 号基址两期结构相似，北侧主殿为三重檐歇山顶楼阁式建筑，面阔三间，进深八椽，殿阁造，并施平棊；南侧通檐抱厦面阔三间，进深四椽。3 号基址主殿为明二层、暗三层的单檐歇山顶楼阁建筑，面阔三间，进深八椽，殿阁造，用平棊；前出单层单檐歇山顶抱厦，面阔三间，进深四椽，彻上露明造；两侧出单层单檐歇山顶挟屋，面阔两间，进深四椽，彻上露明造。以上为建筑复原的阶段性成果，最终以考古发掘报告中的建筑复原成果部分为准。

2. 瓦作遗存研究

中国人民大学王子奇博士团队负责。太子城遗址出土遗物中，各类建筑构件数量最多，建筑构件中又以鸱吻、兽头、嫔伽、凤鸟、筒瓦、板瓦等瓦作类遗物数量最大，种类最丰富，最具特色，故需对太子城遗址出土的瓦件、脊饰等生产工艺和类型学开展专项课题研究。目前研究结果已明确：太子城遗址的屋脊脊身有"墨煤染脊"和"泥脊白道"装饰，线道瓦与条子瓦的加工方式与《营造方式》略有不同，檐头筒板瓦与一般的筒板瓦生产工艺有差别等，课题组拟通过对遗址出土瓦作类遗存的整理与分析，半定量和定量统计研究，明确太子城遗址瓦件和脊饰构件的"模数"关系和制作工艺，为金代瓦作营造、建筑考古、手工业考古等研究提供实物资料。

3. 文物保护与科技检测

北京大学考古文博学院崔剑锋教授团队负责。太子城遗址的文物保护主要包括遗迹现场和出土遗物保护两个方面，遗迹现场保护方面，主要针对建筑基址和砖瓦窑炉由于大风刮蚀和大雨冲刷淋蚀引起的酥粉病害，采取高分子材料化学加固的方式进行加固。考古发掘工作完成后，对全部发掘区域采取细沙回填，后对全部太子城遗址区进行覆土保护，覆土厚度 1.5～2 米，确保太子城考古遗址公园保护和展示工程不会对遗址本体造成伤害。遗物保护方面重点对出土的铜坐龙、器座、铜饰件等金属类器物进行除锈、封护、修复等，使文物的外观及稳定性得到了有效改善。科技检测方面，首先对太子城出土的铜构件进行了采样检测，结果表明：太子城遗址是中国迄今为止发现最早大规模使用黄铜的遗址，将中国大规模使用矿炼黄铜的历史提早到金代。其次对太子城出土的"尚食局"款白瓷和青釉瓷器进行了胎釉成分测定，确认"尚食局"款瓷器全部来源于河北曲阳定窑，青釉瓷器来源于河南宝丰清凉寺窑址，为金代宫廷用瓷的选择、使用和流通等研究提供了科学依据。

4. 环境考古研究

中国社会科学院考古研究所王辉博士团队负责。关于金章宗泰和行宫的环境，据《金史》载："在两山间，地形狭隘，雨潦遄集……"，这与太子城遗址群山环绕，三水交汇的地貌环境相同。从跟随金章宗泰和宫捺钵的官员党怀英《应制粉红双头牡丹》《感皇恩赋叠罗花》、郝俣《应制状元红》、赵秉文《金莲川》等诗词中可知，泰和宫一带在金章宗夏捺钵期间种有牡丹，品种有叠罗花、状元红等，另有金莲花遍地开放。太子城遗址环境考古课题组，拟通过对太子城一带目前土壤、河流、树木等的分析研究，复原金代捺钵时期的泰和宫生态环境，现课题正在有序推进中。

5. 动物考古研究

河北省文物考古研究院李文艳团队负责。太子城遗址对考古发掘出土的所有动物骨骼全部采集，经鉴定和分析确定，动物种属包括哺乳纲、鸟纲和鱼纲三个纲的动物，具体种属至少包括绵羊、家猪、黄牛、鹿科、马科、家鸡、鹭和鲤鱼七种。从可鉴定标本数和最小个体数而言，羊骨数量占绝对优势，并高达90％以上，其次还有少量的黄牛、鹿科、马科、猪、家鸡骨骼和极少量的鹭和鲤鱼骨骼。哺乳纲方面：羊骨根据颅骨、肩胛骨和肱骨形态初步认定为绵羊，死亡年龄应集中分布在6～12月龄。鹿骨中未发现鹿角心，不能进行鹿类具体种属的判定，但从已发现的骨骼形态尺寸可划分出大型鹿类（体型类似麋鹿、马鹿）和小型鹿类（体型类似獐）两类。马科动物所见骨骼较少，就目前所观察到的两例掌骨，推测马科骨骼可能为驴或者骡。鸟纲方面：已发现数量少，可认定的种属包括家鸡和鹭科动物。鱼纲方面：目前仅见1件鲤鱼的鳃盖骨。由此可知，金章宗夏捺钵期间，饲养的羊、牛、猪、鸡是其获取肉食资源的主要方式，其中又以6～12月龄的绵羊为主体。除了家养动物外，肉食资源还辅以射猎而获的大型和小型鹿类动物，捕捞而得水禽鸟类和鱼类。

6. 植物考古研究

北京大学考古文博学院崔剑锋教授团队负责。主要进行了木柱测年和种属鉴定两项内容。测年方面，共选取了西院落东墙和南墙内6根保存相对较好的木柱，通过基于贝叶斯统计序列年代校正的树轮序列测年，确定木柱的年代为1171～1189年，这与我们判断太子城始建于金代中后期相符。种属鉴定方面，6根测年木柱的种属为华北落叶松；西院落内J1底部采集到的木质编织物为杨柳科（Salicaceae）柳属（Salix）。

7. 公众考古

太子城考古队负责。太子城遗址位于河北省张家口市崇礼区张家口奥运赛区内，为突出为民服务实效性，太子城考古队在发掘期间，多次组织考古宣讲、考古发掘现场开放日等公众考古活动，向太子城遗址周边村民、崇礼区中小学、崇礼区宣传部、崇礼区电视台、张家口市电视台等单位宣讲太子城遗址考古发掘的最新成果，让考古走出象牙塔、惠及广大人民群众。多次向来张家口奥运赛区考察的外国友人、外地民众等宣讲太子城遗址金代皇家文化，增强了民众文化自信与自豪感。另在上海博物馆、河北博物院、山西博物院等单位进行太子城遗址讲座，取得良好的社会效应。

肆　年代与性质

太子城遗址三号院落的主殿3号建筑基址与山西繁峙岩山寺南殿西壁佛传图宫殿后殿[1]（1167年）、黑龙江阿城金上京皇城西部1号台基址[2]（1173年以后）平面布局相似，出土遗物中刻"天字三尺"款鸱吻与山西

---

[1]　傅熹年：《山西省繁峙县岩山寺南殿金代壁画中所绘建筑的初步分析》，《中国古代建筑十论》，复旦大学出版社，2004年。

[2]　黑龙江省文物考古研究所：《哈尔滨市阿城区金上京皇城西部建筑址2015年发掘简报》，《考古》2017年第6期。

大同下华严寺薄伽教藏殿鸱吻（1161～1189年）、山西繁峙岩山寺南殿西壁壁画宫殿主殿鸱吻形制相似，兽头、嫔伽、凤鸟、兽面纹瓦当、连弧纹滴水与吉林安图金代长白山神庙遗址[1]（1172年以后）、黑龙江金上京皇城西部1号台基址（1173年以后）、北京金陵M9[2]（1189年以后）出土同类器相似（表一）。"尚食局"款白釉印花碗盘与河北曲阳定窑窑址金代后期（约1161年以后）刻款瓷器[3]完全相同，黑釉鸡腿瓶与北京通县石宗璧墓[4]（1177年）、北京先农坛金墓[5]（1178年以后）、辽宁朝阳金代壁画墓[6]（1184年）、北京乌古论窝论墓[7]（1184年）等纪年墓出土鸡腿瓶器形相同。从上分析可知，太子城遗址的时代为金代中后期（1161～1234年）。

表一　太子城与金上京、金陵、长白山神庙遗址出土建筑构件比较

名称	兽头	嫔伽	凤鸟	瓦当	滴水
金上京					
北京金陵					
长白山神庙					
太子城遗址					

---

[1] 吉林省文物考古研究所等：《吉林安图县金代长白山神庙遗址》，《考古》2018年第7期。

[2] 北京市文物研究所：《北京金代皇陵》，文物出版社，2006年。

[3] 2009年定窑窑址考古发掘出土标本现藏于河北省文物考古研究院，经与窑址金代后期地层出土"尚食局"款碗盘比对，确认太子城出土"尚食局"款瓷器均为河北曲阳定窑生产，且经北京大学考古文博学院实验室成分检测证实。

[4] 北京市文物管理处：《北京市通县金代墓葬发掘简报》，《文物》1977年第11期。

[5] 北京市文物管理处：《北京先农坛金墓》，《文物》1977年第11期。

[6] 辽宁省博物馆：《辽宁朝阳金代壁画墓》，《考古》1962年第4期。

[7] 北京市文物工作队：《北京金墓发掘简报》，《北京文物与考古》总一辑，1983年。

太子城城址规模很小，但发掘遗迹等级很高，城内重要建筑基址沿轴线分布，呈前朝后寝布局，木柱包砖、内芯垒石的城墙砌筑方式未见于同期其他城址，带有磉墩的高等级建筑分布密集，道路规整，未发现商业、民居等一般类型建筑基址，未发现墓葬区，推测城址应为季节性住所。出土遗物中"尚食局"款定瓷、类汝窑青瓷、"内""宫"款砖均体现皇家属性，龙、凤、嫔伽、绿釉云鹤纹等建筑构件及鎏金龙首饰件等规格很高。从地理位置看，太子城位于金代中后期山后捺钵路线经过的金代龙门县城（现河北省赤城县龙关镇）西侧。综上所述推测，太子城应为金代中后期的皇室行宫遗址。据《金史》等文献记载，金代中后期山后捺钵的行宫有两处：景明宫与泰和宫，而太子城遗址在地理位置、捺钵时间、地形环境、始建与废弃年代、废弃原因等方面与泰和宫高度契合，且经考古调查确认，太子城是金代龙门县唯一具有皇家性质的城址，故推测其即《金史》中记载金章宗夏捺钵的泰和宫。

伍　重要学术价值

太子城遗址是第一座经考古发掘的金代行宫遗址，是仅次于金代都城的重要城址，是近年来考古发掘保存最完整的金代高等级城址。其环境优先选址理念、主体建筑呈轴线分布、前朝后寝的布局方式及"修内司""尚食局""内""宫"等皇家专属款遗物的大量出土，对金代城市、建筑、捺钵、陶瓷等考古学研究有重大学术价值。

1. 城市考古

太子城遗址完整清晰的平面布局与功能分区在城市考古中罕见，为中国古代都城、行宫类城市研究提供了重要资料。宋金元时期的都城布局，上承隋唐，下启明清，在中国古代都城制度演变序列中十分重要。北宋都城东京深埋于现河南开封市黄河淤沙层下，其上叠压的城市和淤积层确认其不可能再被完整揭露；金中都和元大都位于今北京市地下，其上叠压明清北京城和晚期不断的城市建设破坏，保存情况堪忧，同样不存在整体发掘的可能；太子城遗址作为等级仅次于都城的金代皇家行宫，是与金中都宫城布局最为接近的金代皇家官式建筑，为宋金元时期都城布局和形制研究提供了绝佳的实物资料。中国古代行宫制度始于商代初期的"桐宫"，后有东周的铜鞮之宫、秦行宫、北魏阴山行宫、隋仁寿宫、唐九成宫和华清宫等，辽金元时期捺钵行宫数量更多，太子城遗址是首座经考古发掘完整揭露并整体保护的行宫遗址，且时代明确，布局清晰、保存基本完整。其南北主轴、前朝后寝、后宫居于轴线西侧、城门与瓮城门直门正对等特征，体现了金代行宫类城址对北宋东京城、金中都等都城营造理念的传承和创新，对中国行宫类城市研究有重要纪年和标尺性作用。

2. 建筑考古

太子城遗址填补了金代皇家建筑的空白，城内建筑基址达 72 处，且保存基本完好，对金代官式建筑平面布局、功能分区、建筑断代等研究有重要价值。城址内重要建筑基址沿中轴线分布，轴线建筑与附属院落等级分明，完美展现了中国古代建筑的秩序之美，为金代中后期皇家建筑营造制度研究提供了范式。太子城前朝区、寝宫区、内府监局、东宫区、宫苑区的功能分区与金中都极为相似，为宋金元都城内宫城的建筑复原研究提供了参考资料。通过太子城建筑构件与《营造法式》的比较研究，可明晰宋金元官式建筑的传承和发展，其与山西繁峙县岩山寺南殿壁画成为金代中后期宫城建筑研究的仅有实例。

3. 捺钵研究

太子城遗址将为辽金元捺钵路线选择、行宫选址、军事作用、政治意义等捺钵制度研究提供重要资料。"捺钵"是辽金元时期北方民族特有的一项政治和军事活动，在三代历史研究中具有极其重要的作用，一些关乎国家命运、政权更迭、军事行动的重大决策多出自捺钵活动中，故辽金元捺钵对三代的政治、经济、文化、生活等研究有重要意义。辽代捺钵在《辽史》中有《营卫志》[1]《游幸表》[2]来专文记载，元代捺钵在《元史》《黑鞑事略》[3]《经世大典·站赤》[4]等文献中有大量记录，相关研究较多，相关分期、时间、地点、扈从人员、主要活动、交通路线等基本清晰，金代捺钵制度是目前辽金元捺钵中最不清楚、亟需深入研究的缺环。太子城遗址是第一座跟金代捺钵直接相关的高等级城址，以此为基点开展金代捺钵行宫布局沿革、营造制度、交通路线等课题研究，必将极大推进辽金元三代捺钵制度研究，为辽"四时捺钵"、元"两都巡幸"、清"木兰秋狝"等制度研究提供重要参考资料。

4. 陶瓷考古

出土大量精细白瓷、青瓷等皇家专属瓷器，对金代陶瓷技术、供御制度、宫廷用器组合等研究有重要意义。从太子城遗址出土的瓷器组合分析，定窑白釉瓷器是金代宫廷用瓷的首选，出土数量多，器类丰富。类汝窑瓷器是金代宫廷对青釉瓷器的选择，但数量和器类较少，另北宋汝窑洗的发现，说明了金代宫廷对北宋皇室用瓷制度的延续。化妆白瓷等一般瓷器对山西怀仁窑的选择，应非特意，因太子城遗址所处的龙门县隶属于金代西京路宣德州，怀仁窑所处的大同为西京路首府，应仅为其方便获取而已。太子城遗址定窑白瓷与类汝窑青瓷的用瓷组合，延续了北宋定窑白瓷与汝窑青瓷的组合，更是唐代邢窑白瓷与越窑青瓷组合的传承，说明白青组合是中国唐宋金宫廷用瓷色调的主体组合，体现了金代女真族对中原文化的认同，是中华民族多元一体文化的重要体现。

陆　几点认识

1. 选址与布局

太子城遗址位于阴山山脉大马群山的东段与燕山山脉交界地带，地理单元属冀北山地区域，金中都西北地势最高的盆地中，永定河水系和潮白河水系的分水岭西侧。地貌上属于坝上和坝下过渡型山地，一组龙形山脉核心区域，太子城盆地的中心。遗址外围高山环绕，夏季平均气温19℃～20℃，气候凉爽，风景如画，是避暑的绝佳圣地。河流方面，太子城东北、东南、北分别有三条河流在城西汇合后向西流去，称为太子河。太子河分别汇入张家口大清河、洋河、桑干河，最后进入永定河，形成都城金中都的母亲河，故太子城与金中都共用同一水系。文化方面，太子城遗址所在的冀西北地区，地处坝上草原游牧民族和中原农耕民族的天然分界线，游牧文化和农耕文明在此交流、碰撞和融合，是苏秉琦先生称为文化交融的"三岔口"地区[5]。军事方面，张家口地区南拱京师，北控朔漠，是都城的北大门。辽金元时期是中原王朝与北方民族战争的前沿地带，历史上辽金、宋金、金元等多次战争均发生于该地，金代的防御性设施——金界壕亦建于此地，地理位置十分重要。交通方面，太子城遗址位于金代龙门县城西侧18千米处，辽代炭山道、金代金莲川捺钵路线、元代望云驿等重要的道路均从龙门县穿过，该路线是辽金元时期从中原北上蒙古草原最便捷的通道，故太子城所处的位置交通方便。由此可知，太子城遗址位置的选择是山脉、水系、文化、军事、交通等方面综合考虑的最佳选择。

太子城遗址南门、9号基址、五十九号院落、三号院落等轴线建筑均沿南北轴线分布，方向为158°。前

[1] （元）脱脱等修：《辽史》卷三十二《营卫志中·行营》，中华书局，1974年。
[2] （元）脱脱等修：《辽史》卷六十八《游幸表》，中华书局，1974年。
[3] 许全胜校注：《黑鞑事略校注》，兰州大学出版社，2014年。
[4] 周少川、魏训田、谢辉辑校：《经世大典辑校》，中华书局，2020年。
[5] 郭大顺：《从"三岔口"到"Y"形文化带——重温苏秉琦先生关于中华文化与文明起源的一段论述》，《内蒙古文物考古》2006年第2期。

朝后寝之间的东西向轴线经测算为寝宫区三号院落的南围墙，故可以确定，三号院落南门道的中心位置是太子城南北轴线和东西轴线的交叉点，是太子城遗址的规划原点。太子城遗址的整体规划沿南北轴线展开，城外北有靠山，南有望山，轴线向南140千米指向金中都与金代皇陵之间，体现了该轴线选择的特殊用意。

太子城遗址城内重要建筑基址分布呈前朝后寝布局，前朝区以9号基址为中心，寝宫区以三号院落为中心，前朝与寝宫区面积基本相当。这种布局方式与北宋东京城、金中都、元大都相似，尤其与金中都的规划布局非常一致，但太子城规模更小、前朝后寝区主殿形制及围合方式等均不同于都城，这符合其作为行宫的性质与等级。

2. 皇家重器

太子城遗址作为一处金代中后期的皇家行宫，出土大量具有"皇家专属"性质的遗物，如"内""宫"款砖、"尚食局"款白瓷、类汝窑青瓷、"修内司"款构件、铜坐龙、鎏金龙形饰件等，现择要简介如下。

"尚食局"款白瓷

"尚食局"是历代宫廷内掌管"供御膳羞品尝之事"的机构，其作为皇宫内正式机构出现于北齐，后隋、唐、辽、宋、金、元、明均设，清宫廷膳食属光禄寺负责，不设尚食局。目前考古发掘共出土"尚食局"款瓷器74件，均属定窑瓷器。具体地点共4处，分别为定窑窑址（50件）[1]、俄罗斯阿纳耶夫斯克耶古城（1件）[2]、河北康保西土城（1件）[3]、太子城遗址（22件）。太子城遗址是定窑窑址以外出土"尚食局"款瓷器数量最多、质量最高、装饰最精美的遗址。

"修内司"款构件

修内司为官署名，北宋、金、元皆置。宋属将作监，掌宫殿、太庙修缮事务。金沿置，属尚书工部，元属大都留守司。明清宫殿、陵寝、太庙等修缮事务属工部。《金史》卷五十六·志第三十七·百官二·六部所辖诸司："修内司，大定七年设。使，从五品。副使，从六品。掌宫中营造事……""修内司"款建筑构件的出土，进一步佐证了太子城遗址的皇家属性，明确了太子城营造应为"大定七年"以后，为探索宋金元三代皇家建筑营造制度、管理体系等提供了珍贵资料。

铜坐龙

目前考古发掘出土和征集的金代铜坐龙共7件，具体地点为金上京1件、金中都2件、金陵2件、太子城遗址2件。由上可知，铜坐龙的出土地点均为金代都城、皇陵和行宫，体现了其皇家专属性。关于铜坐龙的性质，据《金史·舆服》载，金世宗大定六年十二月规定，将金辂轼上坐龙改为凤，故有观点认为铜坐龙为皇帝御用专车座前扶手横木上的装饰。另据"大辇……顶轮施耀叶，中有银莲花、坐龙"[4]等记载，另一种观点认为其为大辇车顶轮之上的装饰，以示皇威。铜坐龙的相关问题，尚需进一步考古资料来充实。

3. "太子城"的由来

太子城的名字最早出现在文献记载中，是明代万历三十一年（1603年）的《宣大山西三镇图说》[5]，该书中有宣府巡道分辖中路总图、龙门城图、小白阳堡图等3幅图中出现了西太子城、东太子城、古东太子城等，通过其后的文字描述，可确认图中的东太子城和古东太子城即太子城遗址。其后的《读史方舆纪要》[6]《龙门

[1]　黄信：《论定窑"尚食局"款瓷器的分期问题》，《文物春秋》2019年第4期。

[2]　彭善国：《俄罗斯滨海地区出土定窑瓷器的探讨》，《考古》2007年第1期。

[3]　陈灿平：《河北省康保县西土城城址考古调查简报》，《草原文物》2014年第1期。

[4]　（元）脱脱等修：《金史》卷四十三《舆服上》，中华书局，1975年。

[5]　（明）杨时宁：《宣大山西三镇图说》（万历三十一年刊本），《宣府镇图说》。

[6]　（清）顾祖禹撰，贺次君、施和金点校：《读史方舆纪要》，中华书局，2005年。

县志》[1]《口北三厅志》[2]《龙关县志译注》[3]《张北县志》[4]等均有太子城的相关记载，其中以《口北三厅志》最为详细，并具有代表性。

（清）金志节、黄可润修："《口北三厅志》（乾隆二十三年刊本）卷三，古迹，载：太子城，张家口东北一百四十里大白阳口外，建置未详。《续宣镇志》，离边四十里，黎明从山上望之，城郭庐舍宛然，日出则不见。案《辽史·本纪》，道宗清宁九年，如太子山，其地与曷里狨相近（即曷里浒，金改名金莲川者），城当在其地，或者因山得名也。又案塞外高山大碛，日未出时，地气上腾，往往幻为雉堞梁欐之形。元郝文忠公经常有化城行咏歌其事，则山川光气有非可以常理测者。旧时相传，城为秦筑以居太子扶苏者，其理荒邈。又云楼橹上隐现太子城匾额，尤属诞妄，不可信。今皆不取。"

由上可知，太子城的时代和主人在清代乾隆年间已不清楚，另据《口北三厅志》提到元人郝经蒙古宪宗二年（1252年）路过太子城时亦未提到太子城时代、名字和主人等信息，推测此时太子城已完全废弃，内涵已不明。从考古发掘资料看，太子城遗址主体时代为金代中后期，有少量的明清破坏坑和遗物，显示太子城废弃后此地未再有人群定居。从目前材料分析，"太子城"的名称始于明代后期，与金代泰和行宫没有直接关系。"泰和宫"在金卫绍王时期被烧毁后，元代和明前期此地未有人群定居，历史断档，明代后期太子城外围开始出现定居村落，并沿革至今。

4. 太子城的主人

关于太子城的主人，在张家口当地主要有以下四种观点：秦代太子扶苏、唐代武则天时期驴头太子、辽代太子耶律倍、元代太子孛儿只斤·真金，其中以第二种观点流传最广。经2017～2020年考古发掘确认，太子城的主人为金代第六位皇帝完颜璟。

金章宗完颜璟生于金大定八年（1168年）七月，金世宗夏捺钵途中一个叫冰井的地方，世宗根据出生地的山名给其取名麻达葛。章宗的父亲完颜允恭，因身体原因，大定二十五年（1185年）六月先于其父世宗皇帝去世，这打乱了金世宗对皇位继承的安排，金章宗作为嫡孙，被快速推上了皇位，用三年半的时间完成了从金源郡王、原王、尚书右丞相、皇帝的大转变。大定二十九年（1189年）正月，世宗驾崩，章宗同日在灵柩前即位，开启皇帝生涯。

金章宗在位期间，政治上，设置提刑司，加强对地方官员的监督，加强中央集权；废除奴隶制，完成了金代女真族的封建化。经济上，通过通检推排、货币改革、常平仓的设置等措施推动经济发展。军事上，北伐蒙古，修建金界壕，南征南宋，签订"嘉定协议"。文化上，以文治国，倡导儒家思想，重视教育与科举。章宗朝是金代最为繁荣兴盛的时期，被史学家评为"宇内小康"。金章宗除了做好皇帝的本职工作外，在诗词歌赋、书法绘画、音乐戏曲上造诣很高，书写的瘦金体与宋徽宗本人书法难以分辨，婉约派词《蝶恋花·聚骨扇》《生查子·软金杯》等辞藻华美，颇有李后主之风，音乐方面元人燕南芝庵将其与历史上的唐玄宗、后唐庄宗、南唐后主、宋徽宗并成为"帝王知音律者五人"。

人生总有缺憾，作为皇帝的金章宗也不例外。因朝中大臣反对其立宠妃李师儿为皇后，怒发冲冠为红颜，整个章宗朝没有册立皇后；一生六位皇子均在三岁前夭折，导致章宗朝没有太子，最终只能传位给叔父完颜永济，

[1]（清）章焞纂修：《龙门县志》（康熙五十一年刊本）卷一《山川志》，成文出版社有限公司印行，1969年。
[2]（清）金志节、黄可润：《口北三厅志》（乾隆二十三年刊本）卷三《古迹》，成文出版社有限公司印行，1968年。
[3]（民国）冯九龄修，张明等译注：《龙关县志译注》，卷一，地理志。选自赤城县档案史志局：《赤城县志译注》，1997年，内部刊物。
[4]（民国）陈继淹修，许闻诗纂：《张北县志》（民国二十四年铅印本）卷二《古迹》，成文出版社有限公司印行，1935年。

这可能是金章宗一生最大的遗憾。目前金章宗文化遗产最著名的是其纵情山水的北京西山八水院与燕山八景之一的卢沟桥，太子城将成为章宗的又一笔丰厚遗产，或许是对其出生地张家口的馈赠。从未当过太子且一生未有太子的金章宗，留给了世人一座太子城，这就是历史与事实。

柒　太子城与冬奥会

太子城遗址在1978年即已发现并登记在册，根据国家文物局主编《中国文物地图集·河北分册》记载，太子城城址时代为辽金，县级文物保护单位。因城址城墙、建筑基址等现地表均已无存，前期考古调查和勘探认定其为一座辽金时期的小城。故北京2022年冬奥会张家口赛区的选址和规划，并未考虑该城址因素。

2017年5～9月，太子城遗址经考古发掘确认为国内首座金代皇家行宫遗址，是金代考古的重大发现。2017年9月27日，河北省文物局组织专家论证会，对太子城遗址2017年考古发掘工作进行验收，同时对太子城遗址下一步保护和展示工作进行论证。与会专家一致认为：太子城遗址有重大学术价值，需整体保护，应及时向国家文物局进行汇报，争取对冬奥会张家口赛区原规划进行调整。后河北省文物局组织考古发掘项目负责人分别向国家文物局、河北省政府、北京2022年冬奥组委进行汇报，各级领导和专家一致认为太子城遗址意义重大，必须整体保护和展示，在付出巨大代价情况下，对原规划进行调整，太子城遗址得以整体保护下来，并在冬奥会期间以考古遗址公园方式进行展示（图一四）。

太子城遗址为北京2022年冬奥会张家口赛区注入厚重的历史文化底蕴，彰显"人文奥运"理念；奥运村将通过太子城向全世界展示中华文明璀璨深邃，增强民众"文化自信"，二者相辅相成、相得益彰。太子城遗

图一四　太子城考古遗址公园效果图

图一五　太子城遗址博物馆

址为京津冀协同发展提供了新引擎，其金代皇家行宫性质的确认，为京津冀提供了 800 年前皇帝夏季避暑专线，将极大推进京津冀融合和旅游产业发展。

太子城遗址是目前唯一经考古发掘、现场保护、整体展示的金代皇家行宫（图一五），是金代城市考古的重大发现。"修内司""内""宫"款建筑构件的出土，实证了遗址的皇家属性；编号"七尺五""五尺五""四尺五""三尺"等鸱吻构件，分别对应城内不同等级建筑，与《营造法式》记载吻合又有自身特点，为建筑复原研究提供了依据，填补了金代皇家建筑的空白。北京大学建筑考古、文物保护和科技检测，中国社会科学院考古研究所环境考古，中国人民大学瓦作研究等课题组均全程参与了考古发掘工作，遗址的多学科价值得到充分挖掘。太子城遗址与北京冬奥会张家口赛区选址的重合，彰显了中华优秀传统文化的博大精深和一脉相承，太子城遗址的出现使北京 2022 年冬奥会成为奥运历史上首座嵌入了 820 年皇家文化的奥运会，张家口赛区将成为奥运场馆建设与文物保护相结合的全球新典范。

因重大学术价值和意义，太子城遗址考古发掘同时荣获"2018 年中国六大考古新发现""2018 年度全国十大考古新发现"，2019 年 10 月入选第八批全国重点文物保护单位。

本考古发掘项目负责人为黄信。参加发掘的有河北省文物考古研究院任涛、胡强、孙少轻、雷金纪、刘君龙、毛小强、叶东、原璐璐、杨增等，张家口市文物考古研究所王培生、刘文清、魏惠平、张益嘉、王晓平、王雁华、冯国良，崇礼区文化广电和旅游局吴占钦、刘建军、孟献宽、杨东武，河北师范大学历史文化学院姚庆，怀安县文保所徐建中，怀来县文保所李鼎元，承德市文物局田野考古队陈识澔、石利峰、商晓军、李博、杨天恒、李楠、王彦捷。

本次考古发掘工作得到国家文物局、河北省政府、河北省文物局、北京 2022 年冬奥组委、张家口市、崇礼区各级政府及文物部门的大力支持，在此一并致谢！

图版

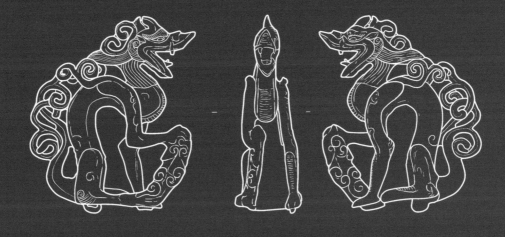

🔴内 **3. 鸱吻**

17CTT0723 ③: 14

金代（1115～1234 年）

残长 22.6、残宽 17.9 厘米

鸱吻右眼及眉额残块。眉毛粗长，向后分作 3 道，前端回卷呈圆球状，后端残。眼部整体呈椭圆形，眼眶高起，呈波浪形。龙眼凸睛前置，怒目圆睁，眼白半月形微凸，眼球和眼白之间有凹弦纹间隔。泥质灰陶，较坚致。

🔴内 **4. 鸱吻**

18CTT0624 ③: 12

金代（1115～1234 年）

残长 17.6、残宽 18.4 厘米

鸱吻上半部尾翼残块。正面呈反 "S" 形尾翼贴附于平板上，尾翼边缘有随形的较宽凹槽。背面粗糙，高低不平，粘有少量白灰。泥质灰陶，较坚致。

5. 火焰纹脊饰

17CTT0726 ②：16

金代（1115～1234年）

残长 35.6、残宽 41.8 厘米

球形脊饰腹部残块。整体呈弧腹形，外表面制作规整，有较
密的轮旋痕。左下侧有刻划文字，已漫漶不清。上腹和下腹
各有一组火焰纹贴塑，与脊饰通过二圆孔相连，孔径 3 厘米，
火焰纹已残失，仅残存弧边三角形状底部。泥质灰陶，较坚致。

🔴内 **6. 条子瓦**

17CTT0722 ②：30

金代（1115～1234年）

长20、宽8.6、厚1.6厘米

由板瓦切割而成，完整。凸面光素，凹面布纹。外露凸面边缘与侧面抹白灰，白灰上涂墨。泥质灰陶，坚致。

🔴内 **7. 线道瓦**

18CTT0624 ③：33

金代（1115～1234年）

残长17.2、宽9.6、厚1.4厘米

由筒瓦切割而成，基本完整，瓦舌稍残。凸面光素，凹面布纹，一侧边缘经研制，相对较薄。外露一侧凸面抹白灰，边缘较厚，向中间渐薄，距侧缘2.5～3厘米处有一条宽约0.2厘米的纵向墨线。泥质灰陶，坚致。

8. 龙角

金代（1115～1234 年）
18CTT0624 ③：15-1，残长 25.2、宽 4.4 厘米
18CTT0624 ③：15-2，残长 23.8、宽 4 厘米

兽头龙角一对，左右角各一，基本完整，形制相同。整体呈"S"形，角端向下弯曲，下部分支，生出一个向上小角。角身中部通体饰凹弦纹，小角上下分别饰上弧和下曲的浅凹槽。龙角外侧扁圆，内侧平整，截面呈半圆形。表面残存白彩，近根部粘有白灰。泥质灰陶，较坚致。

内 9. 凤鸟

17CTT0722 ②: 18

金代（1115～1234 年）

残高 9.6、宽 8.5 厘米

头及颈部残块。凤冠呈向后卷云状，眉弓凸起，末端
略上扬，细长目，眼球外凸。喙部较大，呈弯钩状，
较圆钝。腮羽卷曲呈半月状，头后发羽向后飘扬。颈
细长，下披菱形颈羽。泥质灰陶，较坚致。

10. 嫔伽

17CTT0724 ②：20

金代（1115 ～ 1234 年）

残高 13.4、宽 9.0 厘米

嫔伽身躯左半部残件。左臂上曲，衣褶深峻，帔帛绕上臂后下垂。肩后附残断左翼，上层为蕉叶形短覆羽，下两层为长飞羽。泥质灰陶，较坚致。

11. 素面筒瓦

17CTT0722 ②：102

金代（1115 ～ 1234 年）

残长 31.9、宽 12.5、厚 1.6 ～ 1.8 厘米

基本完整，瓦舌残断。凸面光素平整，有多道制坯形成的横向凸弦纹，一侧边缘残有白灰痕。凹面布纹，两侧缘有内切痕。夹砂灰陶，坚致。

 12. 兽面纹瓦当

18CTT0825 ②：101

金代（1115～1234 年）

直径 12.4、当心厚 2.1、边轮宽 1.8、边轮厚 1.6 厘米

可复原，左下部残。正面当心浮雕兽面，微凸。兽额中部有凸起独角，两侧各有 5 条竖向鬃毛，双眉后扬，二目圆睁，斜上方为"Y"形兽耳。鼻呈三角形，外凸。腮肉圆鼓，大嘴宽扁上咧，口内双排齿，上下各有牙齿 6 颗。颌下有胡须，呈单根排列。兽面外一周凸棱，凸棱外为边轮。背面上部边缘可见连接筒瓦的放射状沟纹线 7 道。泥质灰陶，较坚致。

 13. 兽面纹瓦当

18CTT0624 ③：4

金代（1115～1234 年）

直径 12、当心厚 2.4、边轮宽 2、边轮厚 1.8 厘米

基本完整，右下部稍残。正面当心浮雕兽面，边轮与当心略平。兽额中部有凸起的独角，两侧各有 9 条竖向鬃毛。双眉斜竖，二目圆睁，三角形鼻。阔口微张，露上排齿 6 颗，最外侧为尖牙。腮肉圆鼓，外侧各有 2 组虬髯，端部回卷。颌下有胡须两绺，呈"八"字形，尾端回卷。兽面外一周凸棱，凸棱外为边轮。背面较平整，上部边缘可见连接筒瓦的放射状沟纹线。泥质灰陶，较坚致。

14. 素面板瓦

17CTT0727 ②：2

金代（1115～1234 年）

长 35.1、宽缘 21.3、窄缘 18.4、厚 2.6 厘米

基本完整。凸面光素平整，中部表面有剥落痕。凹面布纹，两侧缘有内切痕。窄头略薄，宽头较厚，边缘均平齐。泥质灰陶，较坚致。

15. 檐头板瓦

17CTT0721②: 7

金代（1115～1234 年）

长 39.4、宽 22、厚 2.4、檐宽 3.6 厘米

由滴水和后附板瓦组成，基本完整。滴水檐面呈弧形，纹饰分布呈横向四段式，第一、三段为素面凸棱，第二段较宽，为间断左向戳印坑窝纹，坑窝内有短斜线，第四段为连续按压波浪纹，纹内有平行线。后附板瓦，凸面光素平整，凹面布纹，中部粘有少量白灰。泥质灰陶，较坚致。

15. 檐头板瓦

17CTT0721 ②: 7

16. 檐头板瓦

17CTT0723 ②: 102
金代（1115～1234年）
残长18.2、宽21.7、厚1.8～2、檐宽3.4厘米

滴水完整，后附板瓦残。滴水檐面呈弧形，分布呈横向四段式，第一、三段为素面凸棱，第二段为凸棱被间断左向戳印分隔的泥条纹，第四段为连续按压波浪纹。后附板瓦，凸面光素，凹面布纹。泥质灰陶，较坚致。

17. 五 "内" 字款条砖

17CTT0722 ②：6

金代（1115 ～ 1234 年）

长 35.2、宽 17、厚 5、字长 2.6、宽 2.2 厘米

长方形条砖，基本完整，两端略残。正面较平整，背面有
砍斫形成的宽窄、深浅不一的宽带纹十余道。一侧面等距
斜向戳印 5 个楷书 "内" 字，字头朝向背面。字形、大小
相同，字口较浅，笔画清晰。泥质灰陶，较坚致。

18. "宫"字款条砖

17CTT0326②：3

金代（1115～1234年）

残长19.7、宽16、厚5、字长2.4、宽1.8厘米

长方形条砖，残存多半部。正面平整，右下部戳印一楷书"宫"字，笔画清晰，字形端正，字口较深，背面较平，有少量凹坑。泥质灰陶，较坚致。

内 **19. 化妆白瓷碗**

17CTT0325 ②：1

金代（1115～1234 年）

口径 21、底径 7.4、高 6.5 厘米

可复原。唇口敞口，斜腹微曲，圈足较高。灰黄胎，较坚致。釉色白泛灰，较光亮，内满釉，外施釉至上腹部。釉下施化妆土，器内外均至下腹部。素面，外壁轮旋痕明显，内底残余 3 枚椭圆形支钉痕。

残存下腹部。
外及圈足满釉、
枚芝麻状支钉痕。

宫 20. 青釉洗

17CTT0723②: 6

北宋晚期（1086～1127年）

底径 10、长 11.2、高 1.4 厘米

残存下腹和底。弧腹、大平底、矮圈足。香灰色胎，细腻坚致。青釉泛灰白，发木光。器内外及圈足满釉，内壁有细碎开片，外底残有 1 枚芝麻状支钉痕。裹足正烧。

🔴内 21. 铜坐龙

17CTT0723②：36

金代（1115～1234 年）

残高 8、宽 6.6 厘米

坐龙下半身残件，存双后腿和尾部。整体踞坐，双后腿弯曲，右后腿保存较好，爪部前伏，爪趾抓地，下嵌铁条。左后腿保存较差，仅存肘以后部位。身后残存上翘尾部，仅存最底端。双腿表面均有刻划痕，锈蚀严重。青铜质，铸造。

22. 五股叉形器

金代（1115 ～ 1234 年）
17CTT0823 ②：9，残长 16、宽 8.8 厘米
17CTT0821 ②：1，残长 18、宽 10 厘米
17CTT0722 ②：2，残长 14.8、宽 7 厘米
17CTT0726 ②：8，残长 18.8、宽 10.5 厘米

均为五股叉形器，形制相同。五股尖部均呈扁弧边三角形，中心股上下贯通，其余四股围绕中心股曲尺形等距排列。中心股上段单股，横截面呈方形，中部以下分为扁平两股。4 件叉形器均锈蚀严重，现分股与中心股的距离因变形而各不相同。此类器物有学者推测为宋金时期鸱吻顶部的拒鹊，起到防止鸟鹊落宿，保护鸱吻的作用。铁质，锻造。

🔴内 23. 祥符通宝

17CTT0422①：17-3
北宋（960～1127年）
直径2.5、穿径0.47厘米

方孔圆钱，面文"祥符通宝"，楷书，旋读。正面钱文较清晰，内外郭突出。背素面，内外郭低平。青铜质，铸造，锈蚀较严重。面郭右下有铸缺，背有移范迹象。

🔴内 24. 祥符元宝

17CTT0422①：7-1
北宋（960～1127年）
直径2.5、穿径0.59厘米

方孔圆钱，面文"祥符元宝"，楷书，旋读。正面钱文清晰，内外郭突出。背素面，内外郭低平。青铜质，铸造。

🔴内 25. 皇宋通宝

17CTT0426②：1
北宋（960～1127年）
直径2.54、穿径0.61厘米

方孔圆钱，面文"皇宋通宝"，"皇宋"楷书，"通"隶书，"宝"篆书，对读。正面钱文清晰，内外郭突出。背素面，内外郭低平。钱体左半边刻出花边，有7个三角形小缺口。青铜质，铸造。

宫 **26. 崇宁通宝**

17CTT0422 ①: 4

北宋（960 ～ 1127 年）

直径 2.34、穿径 0.64 厘米

保存完好，面文"崇宁通宝"，楷书，旋读，钱文深峻，方穿，素背。内郭正面凸起较窄，背面内郭较宽。正背面均有沙眼，背面右上部有绿锈。青铜质，铸造。

宫 **27. 崇宁重宝**

17CTT0422 ①: 5

北宋（960 ～ 1127 年）

直径 2.28、穿径 0.59 厘米

保存完好，面文"崇宁重宝"，隶书，对读，钱文深峻，方穿，素背。内郭正面凸起较窄，背面较宽，外郭均较宽。正背面均有沙眼，正面右下和背面左下有绿锈。青铜质，铸造。

贰 九号殿

28. "七尺五地" 款鸱吻

18CTF9T1726③: 7

金代（1115～1234 年）

残长 28.8、残宽 19.6、厚 6.2 厘米

鸱吻口部挡板残件，呈长方形平板状。正面中部较平整，两侧缘外突，高于中部。背面粗糙，有多道划痕。上部和中部各有一前后贯通的穿孔，上部为圆形孔，残存一半，直径约 6 厘米；中部为长方形孔，宽 2.5、高 2 厘米。正面竖刻阴文行书"七尺五地"四字，其中"七尺五"三字在长方形孔上部，"地"字在长方形孔下部，笔画纤细，字口较浅。泥质灰陶，较坚致。

内 **29. "七尺五地" 款鸱吻**

18CTF9T1626 ④: 8

金代（1115～1234 年）

残长 15.2、残宽 13.6、厚 8 厘米

鸱吻上半部前额一侧凸棱残块，形状不规则。凸棱呈弧形，表面较平整，有修坯痕，上竖刻阴文行书"七尺五地"四字，笔画纤细，字口较浅，字迹清晰。泥质红陶，较坚致。

宫 30. "天"字款鸱吻

金代（1115～1234 年）

18CTF9T1722 ③：7，残长 14、宽 14、厚 8.4 厘米

鸱吻口部挡板残件，略呈平板状。正面平整，两侧缘外凸，下部有一长方形孔，内外贯通。"天"字位于挡板上部，楷书阴刻，笔画工整纤细，字口较浅，字迹清晰。泥质红陶，较坚致。

18CTF9T1526 ④：2，残长 19.4、宽 14.8、厚 6 厘米

鸱吻尾部残块。尾羽外凸明显，下部有一道随形凹弦纹。"天"字位于尾羽中右部，楷书阴刻，笔画较工整，字口较浅，字迹较清晰。泥质红陶，较坚致。

18CTF9T1722 ③：4，残长 19.2、宽 15.6、厚 7.2 厘米

鸱吻尾部左侧残块。尾羽外凸明显，边缘有一圈随形凹弦纹。"天"字位于尾羽中上部，楷书阴刻，笔画工整，字口较深，字迹清晰。泥质红陶，较坚致。

 31. 条子瓦

18CTF9T1726 ③：103

金代（1115～1234 年）

残长 20.2、残宽 8.4、厚 1.8 厘米

基本完整，后端略残。凸面光素平整，凹面布纹，两
侧缘有内切痕。凸面一侧缘抹白灰，白灰上绘墨彩，
边缘白灰较厚，内侧较薄。泥质灰陶，坚致。

宮 32. 兽头

17CTF9T1623②: 24

金代（1115～1234年）

残长15.6、残宽10.8厘米

建筑脊头饰件，残存龙首右侧眉和眼部。眉毛宽扁，眉身分三股，前端回卷，尾部上扬。龙眼长圆，怒目圆睁，眼眶突起呈波浪形，凸睛前置，眼白半月形，眼球和眼白间有深凹槽和凹弦纹。泥质灰陶，较坚致。

宮 33. 凤鸟

18CTF9T1626③: 12

金代（1115～1234年）

残高14.2、残宽13.2厘米

凤首及颈部右侧残块。凤冠祥云状，眉毛弓起，末端上扬，细长目，眼球微凸，眼后为花蔓状耳。喙部较大，喙尖下勾，尖部较圆钝。腮羽略鼓，卷曲呈勾云状，发羽下披，尾部向上飘扬。颈细长，下披菱形颈羽。泥质灰陶，较坚致。左右半模合制，接坯处抹制痕明显。

 34. 嫔伽

18CTF9T1622 ③：1

金代（1115～1234 年）

残高 10.8、残宽 10.6 厘米

残存右上臂及右翅。上身着半袖素衣，胸前开敞，上臂弯曲置于胸前，帔帛绕臂。翅膀上的飞羽分三层，上层蕉叶形短覆羽 4 朵，下两层为长飞羽，羽上均有表示羽毛的斜向短细线。泥质灰陶，较疏松。分体模制后拼装，翅膀为模制后插入躯干。

 35. 套兽

17CTF9T1823 ②：17

金代（1115～1234 年）

残长 10.4、残宽 21.4 厘米

残存右侧面部分，约平板状。眉毛宽扁，眉身分三股，向后飞扬。眼眶高起，呈波浪形。怒目圆睛微鼓，残存眼白部分，呈半月形。眼后有弧形耳，残存耳根。嘴部闭合，唇角圆曲，后部腮肉圆鼓外凸。泥质灰陶，较坚致，模制。

36. 宽筒瓦

17CTF9T1623②：32

金代（1115～1234年）

残长24、宽14.8厘米

个体较大，残存后半部，瓦舌略有残损。凸面光
素平整，粘有少量白灰。凹面布纹，两侧缘有内
切痕，局部经斫制。泥质灰陶，较坚致。

37. 素面筒瓦

17CTF9T1825②：101

金代（1115～1234年）

残长24、宽10厘米

个体较小，基本完整，瓦舌残。凸面光素平整，
有少量白灰痕。凹面布纹，两侧缘平直，部分经
斫制。泥质灰陶，较坚致。

38. 双角兽面纹瓦当

18CTF9T1626③：4

金代（1115～1234 年）

直径 14.9、当心厚 3.2、边轮宽 2.8～3.1、边轮厚 1.2～1.7 厘米

基本完整，个体大。正面当心浮雕兽面纹，外凸。兽额上有双角，角端向下弯曲，上有短线纹。外围为竖向鬃毛，后扬。双眉较宽，圆鼓外凸，中部相连，眉身有小坑窝纹，后有"Y"形耳。怒目圆睁外凸，三角形鼻，大嘴宽扁咧张，啮咬下嘴唇，露上排齿 8 颗，最外侧为尖牙。腮肉圆鼓，两侧各有两组虬髯，端部向上卷曲。颔下有胡须两绺，"八"字形分张，端部向上卷曲。兽面外一周凸棱，凸棱外为较宽边轮。背面平整，上半部边缘可见连接筒瓦的放射状沟纹线。泥质灰陶，较坚致，模制。

 39. 兽面纹瓦当

17CTF9T1823 ②: 15

金代（1115～1234 年）

直径 12.2、当心厚 2.3、边轮宽 0.8～1.4、边轮厚 1.2～1.6 厘米

基本完整，个体较小。正面当心浮雕兽面，微凸。兽额中部有凸起独角，两侧各有竖向鬃毛。双眉宽扁后扬，二目圆睁，斜上方为 "Y" 形兽耳。鼻呈三角形，外凸。大嘴宽扁向上咧张，啮咬下嘴唇，露上排齿 6 颗，最外侧为尖牙。腮肉圆鼓，两侧各有两组虬髯，端部向上卷曲。颌下有胡须两绺，"八" 字形分张，端部向上卷曲。兽面外一周凸棱，凸棱外为边轮。背面平整，上半部边缘可见连接筒瓦的放射状沟纹线。泥质灰陶，较坚致，模制。

内 40. 兽面衔环纹瓦当

17CTF9T1823 ②：8

金代（1115 ～ 1234 年）

直径 10.4、当心厚 2.1、边轮宽 1.4、边轮厚 1.6 厘米

基本完整，个体小。正面当心浮雕兽面，微凸。兽额中部有凸起独角，两侧各有竖向鬃毛。双眉宽扁后扬，二目小而圆睁，斜上方为"Y"形兽耳。鼻呈三角形，外凸。大嘴宽扁咧张，啮咬下嘴唇，露上排齿 6 颗，最外侧为尖牙。口内衔半圆形环，环竹节状。腮肉圆鼓，两侧各有两组虬髯，端部向上卷曲。兽面外一周窄凸棱，凸棱外为边轮。背面平整，上半部边缘可见连接筒瓦的放射状沟纹线。泥质灰陶，较坚致，模制。

41. 宽板瓦

17CTF9T1623 ②：17

金代（1115～1234 年）

残长 31.2、宽缘 24、窄缘 22.5、厚 1.5～2 厘米

个体较大，基本完整。凸面光素平整，凹面布纹，两面均粘有白灰。大端宽厚，小端窄薄，两侧缘有内切痕。泥质灰陶，较坚致。

42. 素面板瓦

18CTF9T1626 ③：104

金代（1115～1234 年）

残长 24、宽缘 20、窄缘 17.5、厚 1.8～2.0 厘米

个体较小，可复原。凸面光素平整，凹面布纹。大端宽厚，小端窄薄，两侧缘有内切痕。泥质灰陶，较坚致。

内 **43. 宽檐滴水**

18CTF9T1722 ③：101

金代（1115～1234 年）

残长 7.4、残宽 13.8、厚 2.3、檐宽 5.2 厘米

滴水和板瓦部分残块。檐面宽，呈弧形，分布呈横向五段式。第一、三段为素面凸棱，第二、四段较宽，为间断左向戳印坑窝纹，第五段为连续按压波浪纹，纹内为五道细密平行线。滴水后附板瓦，凸面光素，凹面布纹。泥质黄褐陶，较厚，胎质较疏松。

内 **44. 宽檐滴水**

18CTF9T1626 ③：31

金代（1115～1234 年）

残长 8.1、残宽 9.8、厚 2.2、檐宽 3.5 厘米

滴水和板瓦部分残块。檐面较宽，呈弧形，分布呈横向五段式。第一、三、四段为素面凸棱，第二段较宽，为间断左向戳印坑窝纹，第五段为连续按压波浪纹，纹内有细密平行线。滴水后附板瓦，凸面光素，凹面布纹。泥质灰陶，较疏松。

宫 45. 滴水

18CTF9T1526 ③: 8

金代（1115～1234 年）

残长 9.5、宽 20.7、厚 2.1、檐宽 2.4 厘米

滴水和板瓦部分残块，滴水基本完整。檐面较窄，呈弧形，分布呈横向四段式。第一、三段为素面凸棱，第二段较宽，为间断左向戳印坑窝纹，坑窝内有斜线纹，第四段为连续按压波浪纹，纹内有三道平行线。后附板瓦较薄，凸面光素，凹面布纹。泥质灰陶，较坚致。

宫 46. 素面条砖

18CTF9T1626 ③: 15

金代（1115～1234 年）

长 35.7、宽 16.8、厚 4.8 厘米

长方形条砖，基本完整。正面较平整，中部有一纵向凸棱，另有少量凹坑。背面粗糙，有大量凹坑。泥质灰陶，坚致。

47. "内"字款条砖

18CTF9T1526③：101

金代（1115～1234 年）

长 22.8、宽 11、厚 3.4 厘米

长方形条砖，基本完整，残缺一角。正面平整，多粘有白灰，正面右侧斜向戳印一楷书"内"字，字口较深，字迹清晰，字形工整，字长、宽各 3 厘米。背面不平，有砍斫形成的宽窄、深浅不一的宽带纹 7 道。泥质灰陶，较坚致。

内 48. 白釉"尚食局"款碗

19CTF9T1815 ②:1

金代（1115～1234年）

腹径 15.5、底径 7.3、残高 5.1 厘米

白釉摩羯花卉印花碗，残存下腹及底部。深曲腹、圜底、圈足较高。胎色洁白，胎质细腻坚致。白釉微泛黄、光亮，内外及圈足满釉。器内满印花，现存两组，内腹一周花卉纹，内底单摩羯花卉纹，二者用两道同心凸弦纹相隔。器外素面，轮旋痕明显，有胎釉崩裂现象。外底偏左侧竖行刻划二字，首字"尚"较完整，第二字"食"残存右上部，字均行书，为釉后刻款。

⬡内 49. 长方形铜饰片

18CTF9T1626③: 2

金代（1115～1234年）

残长18、宽17、厚0.04厘米

铜饰片左侧残块。整体呈长方形薄片状，上、下、左缘有单排的
圆形小钉孔，直径0.3、间距约0.7厘米。上、下缘连续分布，左
缘仅两端各有5个钉孔。器内外表面光素平整，整体因重压产生
褶皱。器表有浅绿色锈斑，黄铜质，锻造。从现状推测，该器应
为木作类构件上的包角，起保护、加固及装饰作用。

50.六瓣花形铜帽铁钉

17CTF9T1823 ②：4

金代（1115～1234年）

通长 9.4、帽径 4.2 厘米

基本完整。钉帽圆形上鼓，呈六瓣花形，表面光滑，有浅绿锈，厚重。钉身四棱锥形，尖部残断，嵌铸于铜帽内。钉帽黄铜质，钉身铁质，均锈蚀严重。

51.圆帽铁钉

17CTF9T1525 ②：5-1

金代（1115～1234年）

通长 21.6、帽径 3.6 厘米

基本完整。钉帽圆形微鼓，呈扁蘑菇形，钉身圆柱形，上粗下细，端部尖状。铁钉表面锈蚀，有翘裂脱落痕。铁质，锻造。

叁　五十九号院落

🔴内 52. "五尺五"款鸱吻

19CTF50T2225 ②：6

金代（1115～1234 年）

残长 13.5、残宽 9.4、厚 4.4 厘米

鸱吻面板组件残块，为身部鳞片残块。由一弧形鳞片贴附于平板上，鳞片轮廓微凸，中部平整，右侧阴刻有"五尺五"三字，字近楷书，笔画较粗，字口较深，字迹清晰。平板上下均平整，素面。泥质红陶，较坚致，模制后贴塑。

🔴内 53. "西"字款鸱吻

19CTF50T2226 ② H2：8

金代（1115～1234 年）

残长 23.7、残宽 17.6、厚 6.9 厘米

鸱吻面板组件残块，为腮翅和棘刺部分。正面腮翅贴附于一平板上，边缘火焰状，中部起棘刺。棘刺上弧至腮翅端部，长而尖利，下方有 4 道刻划凹弦纹。弦纹后阴刻一楷书"西"字，字长 3、宽 4 厘米。平板正背面均光素，较平整。泥质红陶，较坚致，模制后贴塑。

54. 凤鸟

19CTF50T2226 ② H2：6

金代（1115～1234年）

残高19.8、残宽14.1、厚9厘米

身体与腿部残块。身披菱形尖叶状羽毛，胸、腹部饰弧凹弦纹5道。背生双翅，残断。尾向后方伸出，尾羽下垂。大腿上有覆羽，跗跖上饰弧凹弦纹多道，腿后侧腿毛上卷作圆涡状。正面两腿间模制云头向前的卷云一朵，底座素面圆筒形，已残。身内、底座及尾部中空贯通。泥质灰陶，坚致，左右半模合制。

🔴 55. 嫔伽

18CTF59T2523 ②：1-1

金代（1115～1234 年）

残高 16、残宽 11.8、厚 9.4 厘米

残存身躯及双翅，个体小。上身着半袖素衣，胸前开敞，残余缯带垂于肩头。双臂上曲，双手捧圆盒状物于胸前。条状帔帛中部自双上臂绕过后自然下垂呈"U"形，两端贴双腿下垂至底座上，呈"S"形后飘。背生双翅，右翅下端残缺，翅上层饰蕉叶形短覆羽，外侧有勾形凹弦纹，下层为长飞羽。大腿与跗跖交接处后侧有腿毛，微上扬。正面两腿间刻 8 道竖向凹弦纹，不规整。背后尾部后伸，尾羽下垂。身内、底座和尾部中空，相互贯通。泥质灰陶，较坚致，左右半模合制后捏塑，翅为分体模制后插入肩后。

内 56. 套兽

19CTF71T2523②：1

金代（1115～1234 年）

残长 24.6、宽 16.1、厚 4.3 厘米

残存右侧面部，约平板状。龙角向下弧曲，角端回卷。眉毛宽扁，分作 3 道，前端残缺，尾部上扬。眼眶高起呈波浪状，双目圆睁，眼球前置，眼白半月形，眼球和眼白间有深凹槽。眼后耳朵斜竖向后，耳根有肉褶，耳廓内有廓线，中空。嘴部残存后唇角，腮肉圆鼓，腮翅连弧三角形状，共三组，中间起棘刺，其中第二组棘刺下有一圆形穿孔。腮翅后鬣毛长而上扬，鬣毛后为扇形鳞片。套兽面部残有白彩。泥质灰陶，较坚致，模制。

57. 套兽

19CTF50T2326②：37

金代（1115～1234年）

残长22.1、宽18厘米

残存右侧面颊、底及左侧腮部，约方筒形。眉毛宽扁，眉身分3道，前端回卷，尾部上扬。眼眶高起呈波浪形，怒眼圆睁，眼球前置，眼白半月形。弧形耳残存耳根，上有肉褶痕。口部抿合，上獠牙较细长，尖部向上弯曲至上唇侧，下獠牙粗短，居上獠牙之后。腮肉凸起，腮翅残存下部三组，连弧三角状后扬，中部起棘刺。颔下有三角状短须，刻划出根须5根。须后为颈项，中部刻划四组横向双弧线，两侧刻划"八"字形双竖线。泥质灰陶，较坚致，模制。

58. "宫"字款条砖

19CTF50T2226H2 ②：15

金代（1115～1234 年）

残长 20.3、宽 16.4、厚 4.9 厘米

长方形条砖，残存约半。正面较平整，有少量凹坑。背面有多道斫刻形成的宽窄、深浅不一的斜向宽带纹。砖一侧斜向戳印一楷书"宫"字，笔画较细，字形工整，字长 2.1、宽 2.3 厘米。砖上粘有少量白灰。泥质灰陶，坚致。

59.宽莲瓣纹条砖

19CTF15T2525②：19

金代（1115～1234 年）

残长 29.2、宽 16.5、厚 4.6 厘米

长方形条砖雕制，基本完整。正面平整，边缘一
侧雕刻椭圆形莲瓣纹 2 朵，莲瓣较宽，上着墨。
背面粗糙，有扁铲状工具斫刻的斜向宽条带纹 6
道，宽 3～3.6 厘米。泥质灰陶，较坚致。

60. 窄莲瓣纹条砖

19CTF15T2525②: 57-4

金代（1115～1234 年）

残长 31.8、残宽 16.3、厚 4.3 厘米

长方形条砖雕制，残缺一角。正面光素平整，边缘一侧雕刻半圆形莲瓣纹 4 朵，莲瓣间以三角纹间隔，莲瓣和三角纹上均刻划细凹弦纹脉线，莲瓣较窄，上着墨，多已脱落。背面有扁铲状工具研刻的斜向宽条带纹多道，宽 2～2.5 厘米。泥质灰陶，较坚致。

61. 花叶纹手印方砖

19CTF50T2226 ②：38

金代（1115～1234 年）

残长 18.5、残宽 15.8、厚 4.5 厘米

方形花纹砖残块。正面模印相互嵌套的圆形花叶纹，其中每组由外围的 4 片椭圆形叶脉纹和中心的 4 片十字形花叶纹组成，花纹向四边砖外延伸，与其他花叶纹方砖共同组成相同的连续圆形花叶纹。背面较平整，残存半个手印纹。一侧面经斜削后磨光。泥质灰陶，坚致。

🔴 62. 壶门形牡丹纹砖

19CTF50T2226③：30

金代（1115～1234 年）

长 32.4、宽 22.9、厚 3.7 厘米

长方形贴饰砖，完整。正面浮雕壶门形开光，开光内为折枝牡丹花叶纹。壶门外突，上饰两道凹弦纹。开光外侧饰缠枝卷草纹。背面凹凸不平，左侧面砍制为斜面，其余侧面较平整。泥质灰陶，较坚致，模制。

63. 壶门形莲纹砖

19CTF50T2226H2：1

金代（1115～1234 年）

残长 20.8、残宽 12、厚 4.7 厘米

长方形贴饰砖，壶门和花纹雕刻而成，残存右上部。正面壶门形开光，开光内减地雕刻莲花一朵，莲瓣肥厚，莲花上方雕蒲草叶，莲瓣和草叶上以细线刻出脉线。开光外侧光素平整，有浅凹弦纹定位线。背面较平整，残存沟纹 3 道，宽 0.5～1、间隔 2～2.5 厘米。沟纹间斜向戳印一楷书"内"字，上宽下窄，字长 3.5、上宽 3、下宽 2.5 厘米，字迹较清晰。泥质灰陶，较坚致。

内 64. 绿釉杯

19CTF50T2226H2：5
金代（1115～1234 年）
口径 8.1、底径 4.0、高 3.2 厘米

可复原。敞口，圆唇，斜腹微曲，内平底，圈足较高。
胎色灰黄，较粗松。内满釉，外施釉至上腹部，绿釉
莹润，较光亮。内外素面。器身及底轮旋痕明显。

肆　三号院落

 65. 鸱吻

17CTF3T3324 ②：7

金代（1115～1234 年）

残长 21.9、残宽 16.7 厘米

残存眉和眼部。眉身较宽，仅存两道，前端回卷，尾部残缺。眼眶高起呈波浪状。怒目圆睁，眼球圆鼓前置，眼白半月形微凸，眼球和眼白间有深凹槽，眼白前后缘各有一道随形凹弦纹。泥质灰陶，较坚致。

66. 线道瓦

18CTF34T3824 ②：101

金代（1115～1234 年）

残长 23.8、宽 10.8、厚 1.7 厘米

建筑脊部构件，以整筒瓦制成，基本完整。凸面光素平整，正中部绘一宽 0.2～0.3 厘米的纵向细墨线，墨线一侧满绘白彩，侧缘抹白灰后染墨，宽 1.5～2 厘米。凹面布纹。瓦舌已斫除，两侧缘有内切痕。泥质灰陶，较坚致。

67. 兽头

17CTF3T3123 ②：1

金代（1115～1234年）

残长 20.6、宽 10.9 厘米

建筑脊头饰件，残存龙首右侧上部。眉毛宽扁，眉身分三股，前端回卷，后部已残。龙眼长圆，怒目圆睁，眼眶突起呈波浪形，凸睛前置，眼白半月形。眼后为弧边三角形耳，耳廓有筋线，中空。泥质灰陶，较坚致。

68. 凤鸟

17CTF3T3125 ②：2

金代（1115～1234年）

高 35.8、底径 12.2 厘米

身躯及底座残块，个体较大。祥云状高冠，眉宽扁上扬，细长目。喙部较大，喙尖下勾。腮羽勾云状，后有花蔓状耳。发羽下披，后部残断。身羽呈菱形尖叶状，上有细短线纹。胸和腹部装饰弧凹弦纹7道。背生双翅，已残断。尾向后下方伸出，已残。大腿上有覆羽，腿后侧腿毛上卷作圆涡状，跗跖残存弧凹弦纹4道。爪有四趾，上刻划横短凹弦纹，趾端有尖甲。正面两腿间模制云头向前的卷云一朵，底座素面圆筒形，身内、底座及尾部中空贯通。泥质灰陶，较坚致。头、身和底座左右半模合制，翅膀为分体模制后插入凤鸟肩后。

内 69. 嫔伽

17CTF3T3325 ②：2

金代（1115～1234 年）

残高 11.6、宽 8 厘米

残存头部。面部丰颐，五官匀称，眉细长，细目凸睛，鼻梁较矮，
小口，下颌圆润，重颌。头发刻画精细，发际中分，高髻带簪。头
戴花蔓冠，两侧饰菱形饰片，底部束带缀联珠。鬓发包耳，仅露耳
下部。缯带由发髻侧缘垂下。头内中空，后顶部有一圆孔，颈项处
为实心榫状，榫头残缺。泥质灰陶，较坚致，前后半模合制。

70. 嫔伽

17CTF3T3225②: 3

金代（1115～1234 年）

高 11.2、底径 10 厘米

残存底座，兽头形。圆筒状，中空。兽张口瞪目，口内有牙齿。嫔伽羽毛披于兽额，两爪按于兽头顶部两侧。爪有四趾，趾端有尖甲。泥质灰陶，较坚致，模制。底座下半部残有白灰。

内 71. 素面筒瓦

17CTF3T3225 ②: 101
金代（1115 ～ 1234 年）
残长 22、宽 12、厚 1.9 厘米

檐头筒瓦后半部。瓦舌较短，凸面光素，凹面布纹，
两侧缘有内切痕。中部有一圆形钉孔，直径约1.4厘米。
凸面钉孔部分有一宽约4厘米的横向墨色条带，多处
粘有白灰。泥质灰陶，坚致，模制。

宫 72. 檐头筒瓦

17CTF3T3223 ②：1

金代（1115～1234 年）

当径 14、当心厚 2.9、边轮宽 2.8～3、边轮厚 1.5、残长 16.8 厘米

残存瓦当及部分筒瓦。瓦当保存完好，正面当心浮雕兽面，额生双角，向外分张，角端向下弯曲，外侧有竖向鬃毛。双眉斜立，眉端相连，二目圆睁，后为"Y"形耳。三角形鼻，大嘴宽扁咧张，露上排齿 8 颗，两侧为尖牙。腮肉圆鼓，两侧各有虬髯 2 组，上扬后回卷。颌下胡须呈"八"字分张，端部向上卷曲。兽面外一周凸棱，凸棱外为边轮。筒瓦凸面光素，凹面布纹。泥质灰陶，较坚致，当面和瓦背粘有白灰。

73. 兽面纹瓦当

17CTF3T3323 ②: 6

金代（1115～1234年）

直径 12.2、当心厚 2.2、边轮宽 1.6、边轮厚 1.4 厘米

基本完整。正面当心浮雕兽面，兽额中部饰直立独角，两侧有竖向鬃毛。双眉斜立，怒目圆睁，后为"Y"形耳。三角形鼻，阔口咧张，露上排齿，最外侧为尖牙。腮肉圆鼓，两侧各有 2 组虬髯，端部回卷。颌下胡须呈"八"字分张，端部向上卷曲。兽面外一周凸棱，凸棱外为边轮。背面上部边缘可见连接筒瓦的放射状沟纹线。泥质灰陶，较坚致，当面和瓦背粘有白灰。

74. 素面板瓦

17CTF3T3324 ②：101

金代（1115～1234年）

长 32、宽 19.8、厚 1.8 厘米

可复原，上、下各有一角残缺。凸面光素，凹面布纹。宽端沿面平而规整，窄端沿面内削，两侧缘有内切痕。泥质灰陶，较坚致。

75. 檐头板瓦

17CTF3T3324②: 104

金代（1115～1234年）

残长 15.2、宽 18.2、厚 2 厘米

残存滴水和后部板瓦多半。滴水为弧形，分布呈横向四段式，第一、三段为素面凸棱，第二段较宽，为间隔左向戳印的坑窝纹，坑窝内两侧均有短斜线，第四段为连续按压波浪纹，纹内有斜线纹。后附板瓦，凸面光素，凹面布纹，一侧缘有内切痕。泥质灰陶，较坚致。滴水和板瓦分别模制后粘接。

76. "内" 字款条砖

17CTF3②: 101

金代（1115～1234年）

长 24.2、宽 16.4、厚 5.2 厘米

长方形条砖，残存约半。正面较平整，中下部戳印一楷书 "内" 字，笔画清晰，字口较深，字长 3.5、宽 2.5 厘米。背面粗糙不平。泥质灰陶，坚致。

77. 三"内"字款方砖

17CTF3T3323 ②：8

金代（1115 ～ 1234 年）

长 34.8、宽 34.0、厚 4.8 厘米

方砖，基本完整，残缺一角。正面光素平整，磨光。背面印沟纹 12 道，沟纹宽 0.5 ～ 1、间隔 1.5 ～ 2 厘米。背面沿对角线戳印楷书"内"字 3 个，字迹清晰，字长 4、宽 3 厘米。砖背面及侧边粘有白灰。泥质灰陶，坚致。

 78. 五"内"字款条砖

18CTF25T3722 ②：101

金代（1115～1234 年）

长 34、宽 17、厚 4.6 厘米

长方形素面条砖，基本完整。一面平整，有烟熏痕，另一面较粗糙。砖的一侧面戳印五个楷书"内"字，字头右斜，分布较集中，为同一印所戳，字长 3、宽 2.8 厘米。泥质灰陶，坚致。

79. 菱格形花卉纹条砖

金代（1115～1234 年）

19CTF15T2515 ②：50-1，残长 30.2、宽 16.3、厚 4.1 厘米

19CTF68T3024 ②：3-1，残长 32、宽 16.5、厚 4.3 厘米

长方形条砖雕制而成，两件形制和纹饰相同。正面光素平整，背面用扁铲状工具斫刻出深浅不一、数量不等的斜向宽带纹，每道宽 2～3.5 厘米。砖的一侧面雕刻边栏式单瓣芍药纹，以等腰三角形边框分隔。每单位刻半朵芍药，花瓣刻划脉线，花蕊作菱格或方格状，两端花朵约为四分之一。两砖上下叠压组合后，即成为一组完整菱格芍药纹，花纹雕制。花纹处涂墨，多已脱落。泥质灰陶，较坚致。

🔲 80. 窄莲瓣纹 "内" 字款条砖

19CTF68T3024②：39

金代（1115～1234年）

残长32、宽16.5、厚4.2厘米

长方形条砖雕制，基本完整。正面光素平整，背面有扁铲状
工具斫刻的斜向宽条带纹数道。一侧边缘经磨制后雕刻单
层莲瓣纹，共五瓣，瓣形尖圆，上刻5～7道脉线，莲瓣之
间以三角纹间隔。另一侧缘中部偏右戳印一楷书 "内" 字，
笔画清晰，字口较深，字长3、宽2.8厘米。花纹雕制，正、
背面粘有大量白灰，侧缘莲瓣纹处涂墨。泥质灰陶，较疏松。

81. 壶门形束莲纹砖

19CTF68T3024②: 40

金代（1115～1234 年）

残长 32、宽 22.4、厚 3.4 厘米

长方形，建筑外立面贴饰组件，残存左侧大半部。正面壶门形开光，内饰浮雕束莲纹，自左至右为茨菰、香蒲、茨菰、莲蕾、莲叶，茎下部以绦带缠束。茨菰叶、莲叶均刻划叶脉。壶门微外凸，上饰双凹弦纹。壶门外侧为缠枝卷草纹，花纹模制。背面较平整，粘有少量白灰。泥质灰陶，较坚致。

内 83. 黑釉鸡腿瓶

17CTF25T3823 ②：9

金代（1115～1234年）

口径 4.9、底径 5.6、高 26.5 厘米

可复原。小口内敛，平折沿，方唇，溜肩，上腹微鼓，下腹斜直，小平底，足心内凹。胎色灰黄，胎体厚重坚致。外壁施黑釉至足端，局部釉呈深褐色，有针眼，较光亮。器身轮旋痕明显，呈浅沟状。下腹有粘釉疤痕，外底垫砂。

宫 **84. 酱釉鸡腿瓶**

17CTF31T3523 ②：10

金代（1115～1234 年）

口径 4.6、底径 5.4、高 27.6 厘米

可复原。小口内敛，平折沿，沿面微鼓，方唇，溜肩，上腹略鼓，下腹斜直，小平底，足心内凹。胎色灰黄，胎体厚重坚致。外壁施酱釉至足端，底足无釉，有针眼，较光亮。器身轮旋痕较明显。器腹、下腹有粘釉疤痕，外底垫砂。

内 **85. 花帽铁钉**

18CTF34T3824②: 1

金代（1115～1234年）

残长19、帽径5.8厘米

基本完整。钉帽呈六瓣花形，中部微凸。钉身四棱形，向下锻打成尖，端部残缺。钉身自中部直角弯曲，尖端略回勾。铁质，锈蚀严重，外表有翘裂脱落痕，锻造。

伍 附属院落

86. 鸱吻

17CTF66T1508 ②：5

金代（1115 ～ 1234 年）

残宽 54.6、残高 54.8、厚 19.5 厘米

鸱吻组件下部左侧。龙额部已残，两侧存有龙角根部。眉呈连弧形，眉身分三道，随眼眶拱起飞扬，前端回卷。眼球大而外凸，后部眼白半月形隆起，眼球和眼白间有凹槽和凹弦纹间隔。眼后为弧形耳，已残。吻部宽短上扬，圆鼻孔，后有三道弧形肉褶。口部大张，上下残存牙齿 8 颗，口内有一竖板。腮肉圆鼓，腮翅连弧三角状后扬，上有凸起棘刺。鬣毛长而上扬，最外侧有凸起的半弧形鳞片。耳上方和鬣毛部位各有一长方形穿孔，内外贯通。泥质灰陶，较坚致。

 87. 鸱吻

19CTF14T2529 ②：55

金代（1115～1234 年）

残宽 58.9、残高 58.7、厚 15.1 厘米

分体式鸱吻尾部残块。右下部为外凸的弧形龙脊，上有连弧状背鳍。龙脊上部残存 8 组向后弧曲的长条形尾羽，羽端部后勾，上缘、后缘随形刻划凹弦纹。背面较平整，有多道刻划痕，右后、中部各残存一组纵向连接板。泥质灰陶，较坚致。

88. "地"字款鸱吻

19CTF14T2529 ②：55-2

金代（1115～1234 年）

残宽 8.9、残高 9.6、厚 2.3 厘米

分体式鸱吻组件额部残块。不规则形，正面弧形内凹，正面、左侧面和顶部接缝处均较平整，背面较粗糙。正面居中阴刻一行书"地"字，笔画清晰，字口较深。泥质灰陶，较坚致。

89. 鸱吻

19CTF14T2529 ②：1

金代（1115～1234 年）

残长 35.9、残宽 25.8、厚 14.9、眼长 24、眉宽 8.8 厘米

分体式鸱吻组件右侧眼部残块。眉宽扁，向后分作 3 道，前端回卷，尾部上扬。眼眶高起呈波浪状，怒目圆睁，凸睛前置，眼白半月形，前缘刻出凹槽。泥质灰陶，较坚致。

内 90. 绿釉云鹤纹脊饰

17CTF64T1710②：20

金代（1115～1234 年）

残长 30.1、残宽 25.7 厘米

弧板状脊饰。正面贴塑云鹤纹，鹤长颈呈"S"形，头斜向上扬起，头顶三道阴刻短线纹表示冠，缺失喙部，圆眼凸睛。颈部满披细长尖叶状羽，双翅覆宽蕉叶状飞羽。颈部上下各贴塑卷云一朵，云头边缘以阴线勾边。背面凹凸不平，轮旋痕明显。正面满施绿釉，有开片，较光亮，剥釉严重，背面有少量粘釉。鹤、朵云与附板粘结处有细划纹，云鹤纹为模制后贴附弧板上。泥质红陶，较坚致。

91. 绿釉卷草纹脊饰

17CTF64T1710②：22

金代（1115～1234年）

残长16.4、宽12.7、厚2.1厘米

脊饰组件残块。弧板状，正面中部饰横向缠枝卷草纹，上缘微外突，下缘内折。正面和上下缘满施绿釉，有开片，较光亮，剥釉严重。背面平整，轮旋痕明显，无釉。泥质红陶，较疏松。

内 **92. 绿釉莲叶形构件**

金代（1115～1234 年）

17CTF64T1710 ②：5-1，残长 17.1、残宽 20.5、厚 7 厘米

17CTF64T1710 ②：5-2，残长 18、残宽 15.3、厚 5.5 厘米

残为两块，形制相同。莲叶形，边缘向上翻卷，正面有
竖向双凹弦纹表示的叶脉，左侧饰件残存三组，右侧饰
件残存两组。背面凹凸不平。器表施低温绿釉，剥釉严重，
叶脉内有部分残留。泥质红陶，较坚致，模制。

93. 兽头

19CTF50T2226 ②：201

金代（1115 ～ 1234 年）

残长 23.7、残宽 20.4、眼长 7、眉宽 4.1、耳长 8.1 厘米

建筑脊头饰件，残存右侧眼和耳部，个体较小。眉毛宽扁，眉身分三股，前端回卷，尾部已残。眼眶凸起呈波浪形，龙眼长圆，怒目圆睁，凸睛前置，眼白半月形，眼球和眼白间有弧形凹槽。眼后为弧边三角形耳，耳廓有筋线，中空。泥质灰陶，较坚致。

94. 兽头

17CTF2T3319 ②：201

金代（1115 ～ 1234 年）

残长 18.6、残宽 16.2、眼长 7、眉宽 5.25、耳长 9.6 厘米

建筑脊头饰件，残存左侧脸部，个体较小。眉毛宽扁，眉身分三股，前端已残，尾部上扬。龙眼长圆，怒目圆睁，眼眶凸起呈波浪形，眼球前置，眼白半月形，眼球和眼白间有弧形凹槽。眼后为弧边三角形耳，耳廓有筋线。腮肉圆鼓，腮翅连弧三角状，上有棘刺。泥质红陶，较疏松。

95. 兽头

17CTF62T1708 ②: 11

金代（1115～1234 年）

残高 42、残宽 33、厚 21 厘米

建筑脊头饰件，基本完整。由龙首和浅弧形背板组成。龙口大张，吻部上扬，端部回卷，吻面有 7 道弧形肉褶。龙口内有上下牙，上牙 6 颗，下牙 5 颗，边缘均尖牙，余平板状，上、下尖牙后侧各有獠牙 1 颗。舌残断，正对龙口后侧弧板上有一圆孔贯通。龙首平额，眉毛宽扁，眉身分三股，前端回卷，眉尾上扬。眼眶凸起呈波浪形，龙眼长圆，双目圆睁，眼球前置，眼白半月形。眼后为耳，已残。腮肉圆鼓，绕于口旁。腮翅连弧三角状，上刻划棘刺。下颌方正，颌下刻划三角形状短须，颌两侧各有一绺长须，贴于颌下。背板弧形，正面下方用两道纵刻线及双横弧线表示龙身胸腹部，两侧有反 "S" 形纹。背面上宽下窄，较平整。泥质灰陶，较坚致，龙首各部件模制后贴塑于背板上，背板侧缘下部粘有白灰。

🔴 97. 凤鸟

17CTF62T1708②：8

金代（1115～1234年）

通高 32.8、残宽 13.7、底径 8～9 厘米

基本完整，仅缺双翅。个体较小，立于筒状底座上。祥云状冠，眉窄长上扬，细长目。喙部较大，喙尖微下勾。腮羽勾云状，后有花蔓状耳。发羽后飘，尾端上扬。身羽下披，呈菱形尖叶状。胸、腹部装饰弧凹弦纹 5 道。背生双翅，仅残存根部。尾向后下方伸出，尾羽下垂。大腿上有覆羽，后侧腿毛上卷作圆涡状，跗跖上饰弧凹弦纹 5 道。爪有四趾，上刻划有横短凹弦纹，趾端有尖甲。正面两腿间模制云头向前的卷云一朵，底座素面圆筒形，身内、底座及尾部中空贯通。泥质灰陶，较坚致，左右半模合制。凤翅为分体模制后，插入凤鸟背部。

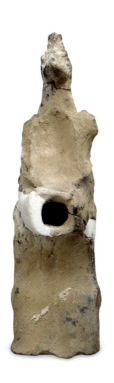

97. 凤鸟

17CTF62T1708 ②：8

98. 凤鸟

17CTF52T2008 ②：2

金代（1115～1234年）

残高 14.7、宽 5.1、头长 11.3 厘米

残存头、颈部。祥云状高冠，眉窄长上扬，细长目，眼球外凸。喙部较大，喙尖下勾。腮部为 4 朵勾云状羽毛，上有花蔓状耳。发羽下披，后部上扬。身羽下披，呈菱形尖叶状。胸、腹部残存横向弧凹弦纹 3 道。颈内中空，喙部和颈部粘有白灰。泥质灰陶，较坚致，左右半模合制。

99. 嫔伽

17CTF66T1510②：15

金代（1115～1234 年）

残长 13.6、残宽 7.7、头长 9.6 厘米

残存头和颈部。面部丰颐，五官匀称。眉细长，双目刻划细致，凸睛、高鼻、小口、重颔、长耳、面敷白彩。头发刻画精细，发际中分，头戴花蔓冠，缯带于花冠两侧束结，由两耳际垂下。头内中空，顶部有一圆孔，颈项处实心榫状。泥质灰陶，较坚致，前后半模合制。

🔴 100. 嫔伽

17CTF64T1710 ②：7

金代（1115～1234 年）

残长 26.3、残宽 12.5、厚 10.1、头长 10.1 厘米

残存头部和上半身。面部长圆，双眉弧曲，前
端稍立。阔目凸睛，鼻梁高耸，小口，厚唇，
重颔，长耳。头发刻画精细，向上拢于冠内。
头戴花蔓冠，缯带于冠旁束结，已残。颈部细长，
上身着半袖素衣，胸前开敞，双手捧圆盒状物
胸前。条状帔帛自双上臂绕过后自然下垂。背
生双翅，均已残断。头内中空，后顶部有一圆孔，
颈项处实心榫状，身内中空。泥质灰陶，较坚致。
头部前后半模合制，身躯左右半模合制，头部、
双翅模制后插入躯干内。

101. 嫔伽

17CTF64T1710 ② : 28

金代（1115～1234 年）

残长 13.7、残宽 7、厚 5.8 厘米

残存头部。面部丰颐，五官匀称，双眉弧曲，细长目微睁，凸睛。鼻梁较高，小口，重颌，长耳。头发刻画精细，发际中分拢于冠内，戴花蔓冠。缯带由两耳际垂下，已残断。头内中空，后顶部有一圆孔，颈部以下残。泥质灰陶，较坚致，前后半模合制。

🔴 102. 嫔伽

17CTF62T1708②：6

金代（1115～1234年）

残高 14.4、残宽 6.8、厚 12、头长 9、翅长 10.7 厘米

残存头及上半身。面部丰颐，五官匀称，细眉弧曲，阔目凸睛，高鼻，小口，重颔。头发刻画精细，发际中分，向上拢于冠内，鬓发包耳，仅露耳垂。头戴花蔓冠，缯带于冠旁束结后由两耳际垂下至肩部。细颈，饰两道弧形凹弦纹。上身着半袖素衣，胸前开敞，双手捧圆盒状物，已残。条状帔帛自双上臂绕过后自然下垂呈"U"形，另两端贴双腿下垂至底座上，呈"S"形后飘。背生双翅，翅上层为蕉叶形短覆羽，下两层为长飞羽。下身大腿上有蕉叶形覆羽，正面两腿间刻斜向凹弦纹表示羽毛。头内中空，顶部有一圆孔。颈项处实心榫状，身内中空。泥质灰陶，较坚致，头部前后模制，身体左右半模合制，双翅为分体模制后插入背部。

宮 103. 嫔伽

17CTF62T1709 ② : 4

金代（1115～1234 年）

残高 22.3、残宽 14.2、厚 12.5 厘米

残存头及上半身。面部丰颐，五官匀称。双眉细长、细目凸睛、高鼻、小口、下颌圆润。头发刻画精细，发际中分，向上拢于冠内，鬓发包耳，仅露耳垂。头戴花蔓冠，已残，缯带头后束结后，由两耳际垂下至肩部。颈部细长，饰两道弧形凹弦纹。上身着半袖素衣，胸前开敞，双手捧四曲圆盒状物。条状帔帛自上臂绕过后自然下垂，另两端贴双腿下垂。背生双翅，翅上层为蕉叶形短覆羽，下两层为长飞羽。下身大腿上有蕉叶形覆羽，跰跖和底座缺失。头内中空，顶部有一圆孔。颈项处实心榫状，身内中空。泥质灰陶，较坚致，头部前后模制，身体左右半模合制，双翅为分体模制后插入背部。

内 **104. 嫔伽**

17CTF62T1608②：6

金代（1115～1234 年）

残高 33、残宽 14.4、厚 11.3、底径 10.5 厘米

头部残缺，立于兽头形器座上。颈部细长，刻划两道弧凹弦纹。上身着半袖素衣，胸前开敞，双手捧四曲圆盒状物。条状帔帛自双上臂绕过后自然下垂，另两端贴双腿下垂。背生双翅，均残，翅上层为蕉叶形短覆羽，下两层为长飞羽。下身大腿上有蕉叶形覆羽，后侧圆涡形腿毛上卷，跗跖上饰弧形凹弦纹。爪四趾，趾端有尖甲。正面两腿间刻 6 道竖向凹弦纹表示羽毛。兽头形底座已残，左右两侧有对称的三角形状孔。头内中空，顶部有一圆孔。颈项处实心榫状，身内中空。泥质灰陶，较坚致，头部前后模制，身体左右半模合制，双翅为分体模制后插入背后。

宫　105. 嫔伽

17CTF62T1608 ②：9

金代（1115～1234年）

通高 38、残宽 16、厚 11、底径 10.5、头长 8.1 厘米

双翅残缺，立于兽头形器座上。面部长圆，五官匀称，眉、眼细长，双目刻划细致，高鼻，小口，下颌圆润；头发刻画精细，发际中分，鬓发包耳，耳朵仅露耳垂；戴花蔓冠，冠稍残。颈部细长，刻划两道弧凹弦纹。上身着半袖素衣，胸前开敞，双手捧四曲圆盒状物。条状帔帛自双上臂绕过后自然下垂，另两端贴双腿下垂。下身大腿上有蕉叶形覆羽，后侧圆涡形腿毛上卷，跗跖上饰弧形凹弦纹。尾向后平伸，尾羽下垂。爪四趾，趾端有尖甲。正面两腿间刻 5 道竖向凹弦纹表示羽毛。兽头形底座。头内中空，顶部有一圆孔。颈项处实心榫状，身内中空。泥质灰陶胎，较坚致，头部前后模制，身体左右半模合制，双翅为分体模制后插入背后。

106. 嫔伽

17CTF2T3219②：4

金代（1115～1234年）

残高11.2、残宽12、厚8.4厘米

残存头部与上半身。面部丰颐，五官匀称，眉细长，阔目凸睛，高鼻，小口。头发刻画精细，向上拢于冠内。鬓发包耳，仅露耳垂。头戴花蔓冠，冠上部和缯带均已残。颈部细长，刻划弧形凹弦纹3道。上身着半袖素衣，胸前开敞，双手捧圆盒状物，已残。条状帔帛自双上臂环绕。背生双翅，翅上层蕉叶形短覆羽，下两层为长飞羽。头部中空，顶部有一圆孔，颈项下出实心榫头，身内中空。泥质灰陶，较坚致。头部前后半模合制，身躯左右半模合制，头部、双翅模制后插入躯干内。

107. 嫔伽

17CTF2T3319 ②：3

金代（1115 ～ 1234 年）

残高 15.2、残宽 6.6、厚 5.6、头长 11.1 厘米

残存头和颈部。面部长圆，细眉弧曲，阔目凸睛，鼻梁高耸，小口，厚嘴唇，下颌圆润。头发刻画精细，向上拢于冠内。头戴花蔓冠，正中凸起五瓣花，周围绕有枝蔓。鬓发包耳，缯带已残。颈细长，呈榫头状。头内中空，顶部有一圆孔。泥质灰陶，较坚致，前后半模合制。

🔴内 **108. 素面筒瓦**

17CTF2T3219 ②：101

金代（1115～1234 年）

残长 30、宽 12.8、厚 1.6 厘米

基本完整，仅瓦舌残缺。凸面光素平整，残留部分白灰。凹面布纹，两侧缘经研刻变薄。泥质灰陶，含少量砂粒，较坚致。

109. 素面带钉筒瓦

19CTF11T2621 ②：30

金代（1115～1234 年）

残长 16.4、宽 10.4、钉通长 14.2、帽径 2.8 厘米

残存筒瓦中部，有钉孔和铁钉。凸面光素平整，凹面布纹。两侧缘经磨制，内侧斜削。中部有一圆形钉孔，孔径 1.2 厘米。钉孔内存有一圆帽铁钉，钉身截面四棱形，中部弯曲，尖端略残。筒瓦泥质灰陶，较坚致，凸面侧缘粘有白灰。

🔴 110. 檐头筒瓦

17CTF62T1608②：4

金代（1115～1234 年）

当径 10.2、当心厚 2、边轮宽 1.8、边轮厚 1.1、筒瓦长 29.5、宽 10、厚 1.4、穿孔径 1.3 厘米

基本完整，可复原。正面当心浮雕兽面，兽额中部有竖立独角，两侧各有 5 条竖向鬃毛。双眉斜立，二目圆睁，后为 "Y" 形耳。三角形鼻，阔口宽扁咧张，露上排齿，啮咬下嘴唇。腮肉圆鼓，外侧有向上卷曲的虬髯。颌下胡须呈 "八" 字分张，端部回卷。兽面外侧为一周凸棱，再外为边轮。后侧筒瓦半圆筒状，凸面光素，凹面布纹，中部偏后有一圆形钉孔。后端瓦舌微凸，多已残断。两侧缘平整，内侧有斜削痕。泥质灰陶，较坚致。瓦当和筒瓦分别模制后粘接，粘合处有放射状沟纹线，多条外露。筒瓦凸面、瓦当等位置残有白彩，钉孔附近残有横向墨痕。

111. 檐头筒瓦

17CTF12T2209 ②：7

金代（1115～1234 年）

当径 13.2、当心厚 2.2、边轮宽 1.8、边轮厚 1.4、筒瓦残长 25.8、宽 13.2、厚 1.5 厘米

瓦当完整，后侧筒瓦残存约半。瓦当正面当心浮雕兽面，兽额中部有竖立独角，两侧各有 9 条竖向鬃毛。双眉斜立，前端相连，眉身分三股，尾部上扬。双目圆睁外凸，后有 "Y" 形耳。三角形鼻，阔口宽扁咧张，露上排齿，啮咬下嘴唇。腮肉圆鼓，两侧各有两组卷曲虬髯。颌下有胡须两绺，左右分张，端部回卷。兽面外侧一周凸棱，外为边轮。后侧筒瓦凸面光素，凹面布纹。泥质灰陶，较坚致。瓦当和筒瓦分别模制后粘接，当面和筒瓦凸面粘有少量白灰。

🔴 **112. 兽面纹瓦当**

17CTF2T3320 ②: 9

金代（1115～1234 年）

直径 12.2、当心厚 2、边轮宽 1.6、边轮厚 1.5 厘米

基本完整，外缘微残。正面当心浮雕兽面，额中部有竖立独角，两侧各有 8 条竖向鬃毛。双眉斜立，眉身分三股，尾端上扬。双目圆睁，后为 "Y" 形耳。三角形鼻，阔口宽扁上咧，露上排齿，啮咬下嘴唇。腮肉圆鼓，两侧各有 2 组卷曲虬髯。颌下胡须两绺，左右分张，端部回卷。兽面外侧一周凸棱，外为边轮。背面光素，上部边缘可见连接筒瓦的放射状沟纹线。泥质灰陶，较坚致，模制。

🔴 **113. "官"字款板瓦**

19CTF11T2621 ②: 201

金代（1115～1234 年）

残长 21.6、残宽 16.8、厚 1.7～2 厘米

宽缘残缺，窄缘完整。凸面光素平整，凹面布纹，两侧缘有内切痕。凸面中上部戳印一楷书 "官" 字，字口较深，字迹清晰，字长 2.4、宽 1.6 厘米。泥质灰陶，较疏松。

宫 **114. 滴水**

17CTF2T3319②：101

金代（1115～1234 年）

残长 8.2、宽 20.6、檐宽 3.2 厘米

保存较差。檐面为弧形，分布呈横向四段式，第一、三段为素面凸棱，第二段较宽，为间隔左向戳印坑窝纹，坑窝内有细短线。第四段为连续按压波浪纹，纹内有斜线。滴水后附板瓦，凸面光素，凹面布纹，侧缘有内切痕。泥质灰陶，较疏松。

宫 **115. "官"字款条砖**

17CTT3221F2：173

金代（1115～1234 年）

长 35.5、宽 16.5、厚 4.5 厘米

长方形素面条砖，基本完整。正面平整，有少量凹坑，多粘有白灰。背面不平，中部内凹。一侧面右端斜向戳印一楷书"官"字，笔画清晰，字口较深，字长 2.2、宽 2 厘米。泥质灰陶，较坚致。

116. "官"字款条砖

17CTF12T2108 ②：12

金代（1115～1234年）

残长 8.4、残宽 8.4、厚 2.2 厘米

长方形条砖，残存约半。正面光素平整，背面凹凸不平。一侧面斜向戳印一楷书"官"字，字口较深，字迹清晰。夹砂灰陶，较坚致。

117. 壶门形花纹砖

19CTF69T2328 ②：8

金代（1115～1234年）

残长 20.5、宽 24.7、厚 4.0 厘米

建筑基座贴饰构件残块。正面壶门形开光，内为束莲纹，花纹仅存上部花叶和下部根茎部分，纹饰均雕制。壶门以外光素平整，壶门上部和右侧各有浅凹弦纹定位线。背面较平整，残存直沟纹八道。正面上部残有墨痕，开光外有数道修整刻痕。泥质灰陶，较疏松。

118. 天青釉碗

17CTF64T1710 ②：8

金代（1115～1234 年）

残长 6.1、残宽 3.7、厚 0.5 厘米

碗壁残片。敞口，圆唇，直腹微曲。白胎泛灰，致密坚硬。釉色天青，莹润光亮，较厚，有冰裂纹开片，内外满釉。

可复原。子口微敛，尖圆唇，折腹，上腹较直，下腹外曲，矮圈
足。灰白色胎，较坚致。天青釉，较光亮，器内外及圈足内均满
釉，子口与圈足底无釉，釉层厚而匀净，有冰裂纹开片。

119. 天青釉盒

17CTF62T1708 ②：9

金代（1115～1234年）

口径18.1、底径10.5、高5.6厘米

可复原。子口微敛，尖圆唇，折腹，上腹较直，下腹外曲，矮圈
足。灰白色胎，较坚致。天青釉，较光亮，器内外及圈足内均满
釉，子口与圈足底无釉，釉层厚而匀净，有冰裂纹开片。

⚪ 120. 白釉"尚食局"款碗

17CTT1409（2）：1

金代（1115～1234 年）

口径 18.4、底径 7.6、高 8.8 厘米

可复原。敞口、圆唇、深曲腹、圈足较高。胎白、细腻坚致，釉色白泛黄、光亮、芒口。器内外及圈足满釉。内壁满印花、阳纹，纹饰自上面下可分为四组：近口沿处双凸弦纹内夹饰单朵卷云纹，内腹满布四季花卉纹，腹底交接处为同心双弦纹，内底为单摩羯纹花卉纹。器身外壁轮旋痕明显，圈足内偏左侧竖刻"食局"二字，上部应残缺"尚"字。

121. 白釉"尚食局"款碗

17CTF64T1610②：3

金代（1115～1234年）

口径17.9、底径7.8、高8.8厘米

可复原。敞口、方唇、深曲腹、底略平、圈足较高。白胎细腻坚致。白釉微泛黄，莹润光亮。芒口，内外及圈足满釉。内壁满印花，分别为近口沿处双弦纹内夹饰卷云纹，腹部满布四季花卉纹，腹底相接处为同心双凸弦纹，内底为单摩羯花卉纹。器外素面，轮旋痕明显，外底略凸，中部竖行刻行书"尚食局"三字。

122. 白釉"尚食局"款碗

17CTF62T1708②：2

金代（1115～1234年）

底径 7.8、残高 2.8、厚 0.6 厘米

残存下腹与底部。下腹圆曲，底较平，圈足已残。白胎细腻坚致。
釉色白中泛黄，光亮，内外满釉。内壁印花卉纹，底部双凸弦
纹内为摩羯花卉纹，摩羯仅残存头、颈及翅膀部分。器外素面，
轮旋痕明显。外底圈足左侧竖刻行书"尚食局"三字，字体较小。

内 123. 白釉"尚食局"款碗

17CTF12T2110（2）：11

金代（1115～1234 年）

底径 8、残高 6 厘米

存下腹和底部。下腹斜直微曲、腹底转折明显、内底平、圈足较高。白胎细腻坚致、釉色白泛黄、光亮莹润、内外及圈足满釉。内满印花、可分为两组、内腹印花卉纹、内底印摩羯花卉纹。外素面、轮旋痕明显、有剥釉痕。圈足内偏右侧竖刻楷书"食局"二字、"食"字残存左下部、二字上原应有"尚"字。

124. 白釉"尚食局"款碗

17CTF12T2210 ②：2

金代（1115～1234 年）

底径 8、残高 3.4 厘米

存下腹和底部。下腹斜直，腹底转折明显，平底，圈足较高。白胎细腻坚致。釉色白微泛青，光亮莹润，内外及圈足满釉。内满印花，下腹印花卉纹，内底印摩羯花卉纹。外素面，轮旋痕明显。圈足内居中竖行刻写行书"尚食局"三字，其中"局"字下部残缺。器内外有多处釉层剥落后形成的浅坑。

口沿与腹部残片。敞口、圆唇、深曲腹。白胎微泛黄、细腻
坚致。釉色白泛黄，近口沿处为双凸弦纹夹饰卷云纹，腹部满印花卉纹。外素面、
轮旋痕明显。该器应为"尚食局"款碗残片。

125. 白釉印花碗

17CTF12T2210 ②：1

金代（1115～1234 年）

口径 18、残高 7.8 厘米

口沿与腹部残片。敞口、圆唇、深曲腹。白胎微泛黄、细腻
坚致。釉色白泛黄，光亮莹润，芒口、内外满釉。内满印花、
近口沿处为双凸弦纹夹饰卷云纹，腹部满印花卉纹。外素面、
轮旋痕明显。该器应为"尚食局"款碗残片。

口径 21.6、底径 6.6、厚 0.5 厘米

白胎细腻坚致。釉色白泛灰黄，较光亮，芒口，内外及圈足满釉。内外素面，外壁轮旋痕明显

126. 白釉碗

17CTF62T1708②：3

金代（1115～1234 年）

口径 21.6、底径 6.6、高 8、厚 0.5 厘米

可复原。敞口，薄凸唇，深曲腹，圈足较高。白胎细腻坚致。釉色白泛灰黄，较光亮，芒口，内外及圈足满釉。内外素面，外壁轮旋痕明显

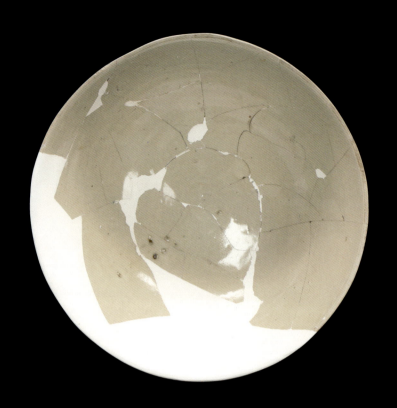

口径 24.6、底径 7.6、高 10.4 厘米

可复原。敞口，薄唇，深曲腹，底较平，圈足较高。
白胎泛灰，较坚致。釉色白泛黄，较光亮，芒口，内
外及圈足满釉。器内外素面，外壁轮旋痕明显。

内 127. 白釉碗

17CTF12T2210 ②：15
金代（1115～1234 年）
口径 24.6、底径 7.6、高 10.4 厘米

可复原。敞口，薄唇，深曲腹，底较平，圈足较高。
白胎泛灰，较坚致。釉色白泛黄，较光亮，芒口，内
外及圈足满釉。器内外素面，外壁轮旋痕明显。

🔲 128. 化妆白瓷"官"字款碗

17CTF62T1608②:8

金代（1115～1234年）

底径8、高8.8、厚0.8厘米

可复原，微变形。敞口，圆唇，斜腹微曲，内底平，圈足较高。
黄砂胎泛灰，坚致。白釉泛青灰，较光亮，内外满施化妆土
后上透明釉，内满釉，外施釉至下腹。内底有10枚椭圆形支
钉痕，外下腹和圈足内有明显轮旋痕。器外下腹墨书楷书"官"
款2个，左右对称，圈足内亦有墨书痕迹，已漫漶不清。

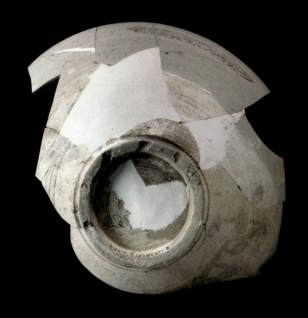

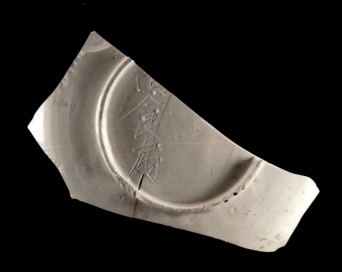

内 **129. 白釉"尚食局"款盘**

17CTF62T1708 ②：1

金代（1115～1234 年）

底径 7、残高 1.9 厘米

残存下腹和足。折腹，上腹斜直，大平底，矮圈足。白胎细腻坚致，胎体底厚腹薄。釉色白泛黄，较光亮，内外及圈足满釉。盘内底印摩羯花卉纹，内腹印花卉纹。外素面，轮旋痕明显。圈足内左侧竖刻行书"尚食局"三字，其中首字"尚"残缺字头。

为四层：近口沿处双凸弦纹内夹饰卷云纹，内腹满印四季花卉纹，腹底交接处为同心双凸弦纹，内底摩羯花卉纹。器外素面，轮旋痕明显。此盘圈足内应有"尚食局"款，已缺失。

宫 **130. 白釉印花盘**

17CTF62T1608 ②：12

金代（1115～1234 年）

口径 20.7、底径 6.9、高 4.5、厚 0.6 厘米

可复原。敞口，圆唇，浅曲腹，矮圈足。白胎细腻坚致。釉色白泛黄，较光亮、芒口，内外及圈足满釉。器内满印花，可分为四层：近口沿处双凸弦纹内夹饰卷云纹，内腹满印四季花卉纹，腹底交接处为同心双凸弦纹，内底摩羯花卉纹。器外素面，轮旋痕明显。此盘圈足内应有"尚食局"款，已缺失。

可复原。敞口微侈、方唇、浅曲腹、底较平、矮圈足。白胎细腻坚致。釉色白泛黄、较光亮、芒口、内外及圈足满釉。内腹及底刻划侧莲花和莲叶纹、外围一周凹弦纹。外素面、轮旋痕明显。内外均有少量棕眼和杂质黑点。器壁

内 131. 白釉刻莲纹盘

17CTF64T1710②：12

金代（1115～1234 年）

口径 16.4、底径 5.2、高 3.1、厚 0.3 厘米

132. 白釉盘

17CTF52T1910（2）：13

金代（1115～1234年）

口径20.5、底径6.6、高3.7厘米

可复原。敞口微侈、薄唇、浅曲腹、矮圈足。白胎细腻坚致。
釉色白泛灰黄、较光亮。芒口、内外满釉。素面、内外腹
部轮旋痕明显。内腹有少量棕眼、外下腹有流釉痕。

内 **133. 白釉印花杯**

17CTF62T1608②：11

金代（1115～1234年）

口径12、底径3.6、高4.8、厚0.4厘米

可复原。个体较小、敞口、尖圆唇、深曲腹、小圈足。白胎细腻坚致。釉色白泛黄、较光亮、芒口、内外及圈足满釉。器内满印花卉纹、底部团菊纹、腹部缠枝菊纹、口沿处一周带状回纹。器外素面、外壁轮旋痕明显。

134. 白釉刻摩羯纹器盖

17CTF12T2210 ②：19

金代（1115～1234 年）

口径 8.6、高 3.4 厘米

可复原。盖面拱形，顶部圆柱形钮，宽沿略上翘，子口微内敛。白胎细腻坚致。釉色白微泛黄，光亮，内外满釉，沿下及子口露胎。盖面刻划双摩羯纹，盖沿刻划一周卷云纹。

135. 铜龙头

19CTF69T2327 ②：14

金代（1115～1234 年）

残长 4.8、高 2.7 厘米

龙头形构件，颈部变形上折。头顶中部为分体式龙角，铆于额上，左角弯折变形，右角残断。眉宽扁，錾有短竖线，随眼部拱起上扬。眼前部为凸圆睛，后为三角形眼白，边缘勾线。口部微张，刻出牙齿和獠牙，吻部上扬，下颌短圆，短须抿伏于颌下。腮肉圆鼓，虬髯呈三角形，颈部鬃毛长而上扬。龙首内中空，尾端一圆孔，圆孔近边缘处，有一横置细圆柱贯通两侧，尾端整体变形贴附于头后侧。铜质，铸造，后经錾刻。

136. 铜龙头构件

17CTF2T3221 ②：6

金代（1115 ～ 1234 年）

长 5.4、高 4.4 厘米

龙头形构件。头顶为双龙角，贴脖颈后方向下弯曲，端部回卷。眉毛宽扁，以数道细线刻出。深目凸睛，眼球长条形。吻部上扬，端部下卷，吻前部有弧线数道。眼后为耳，呈三角状凸起。口部闭合，獠牙外露，颌下有短须。腮肉圆鼓，腮翅弧形，上有棘刺。头后部錾刻弧形凹坑表示龙鳞，颈部纵向刻竖条纹表示鬣毛。龙颈内中空，一圆孔贯通上下。铜质，多处有绿锈。

内 137. 铜衔环

19CTF11T2621②：9

金代（1115～1234 年）

直径 14.8～15.2、厚 0.8 厘米

基本完整。整体呈圆环状，上有缺口。正面内缘
和外缘凸起，外边缘呈五出菱花形。背面光素平
整，存有多处绿锈痕。铜质，铸造。

138. 花卉纹铜片

17CTT1810②：5

金代（1115～1234年）

残长5.4、宽4.2、厚0.1厘米

薄片状，残存角部。平面略呈三角形，中部为缠枝花卉纹，由凸起的花朵和枝蔓组成，花纹外围为一周凸弦纹，再外为宽沿。外侧宽沿上等距分布小圆孔，孔径0.15、间距0.5厘米左右。铜质，锻造，纹饰为铜模具锤揲而成。该饰件火烧痕明显，边沿起翘，局部有绿锈。

139. 菱形铜饰片

19CTF11T2621②：7

金代（1115～1234 年）

大小相同，长 11.7、宽 5.8、厚 0.02 厘米

基本完整，形制相同。平面呈弧边菱形，中心部位有一圆孔，直径 1.3 厘米。圆孔周围分布四个如意形镂空云头纹，云头回卷处各有一圆形钉孔。器外缘一周有圆形钉孔，孔径 0.15、间距约 0.5 厘米。铜质，锻造。正面有浅绿锈，背面黑色。

140. 铜匕形器

17CTF52T1910 ②：8

金代（1115～1234 年）

残长 21.6、最宽 3.1、厚 0.2 厘米

匕形，后部残断。前部片状，约呈三角形，尖部平齐回卷，回卷处一侧缘有较浅的沟槽。后部长柄圆柱形，略弯曲，柄端残断。铜质，做工精良，锻造，局部有浅绿锈斑。

141. 蘑菇形铜帽铁钉

17CTF64T1610 ②：1

金代（1115～1234 年）

通长 9.5、帽径 4～4.2 厘米

钉帽基本完整，钉身下部残。钉帽蘑菇形，顶部较平，沿部下垂，厚重。钉身四棱形，尖部残断，嵌于钉帽内。钉帽黄铜质，钉身铁质，均锈蚀严重，铸造。

内 142. 铜铁烧结物

17CTT1611②：1

金代（1115～1234 年）

长 16.5、宽 11.5 厘米

外观呈不规则形，为铜质和铁质建筑构件被火烧后的胶结物，内尚可见铁钉若干。铜铁构件均有锈蚀，表面有部分泡状物。

内 143. 铁铺首衔环

17CTF52T2010②：2

金代（1115～1234 年）

门环径 11.2～11.8、厚 1.2、鼻钉通长 14.6、上环径 2.8、宽 2.3、下环径 3.1、宽 2.4 厘米

基本完整，由铺首、门环及鼻钉组成。铺首六边花形，中部隆起，外缘花边，中部和外缘间有长条形镂孔。门环六曲形，截面四边形。鼻钉前端双环，门环附于下环上，尾双股，截面长条形。铺首铁质，锈蚀严重，锻造。

144. 铁鸣镝

17CTF62T1708 ②：12

金代（1115～1234 年）

长 4.6、宽 3.1、厚 0.2、銎长 0.8、直径 1.4 厘米

基本完整。上部三棱形，端部封闭，棱边各起一翼。器身中空，三面中上部各有一个圆形镂孔。下部呈圆箍状，外有两周凸棱。铁质，壁较薄，锈蚀严重。

145. 铁蒺藜

17CTT1810 ②：7

金代（1115～1234 年）

单股长 4～4.6、股间距 6.5～6.8 厘米

形制相同，基本完整。四股分叉，各股尖刺截面呈圆锥形，下粗上窄，尖刺端部微弯曲。铁质，锻造，锈蚀严重。

陆 单体建筑

⑥ 146. 仙人

19CTF57T3004 ②：4

金代（1115 ～ 1234 年）

残高 36.4、底径 11.5 厘米

残存身躯和底座。上身前倾，立于云头形座上。上身着交领长袍，
双臂上曲，双手拢于胸前，手捧花蕾。窄长条形帔帛自双肩绕过，
正面自肩部下垂至腋下绕后呈"S"形飘向身体两侧，背面自肩部
自然下垂呈"U"形。下身着裙，背面腰部有下垂绦带，偏上部十
字形系结装饰。底座云朵形高筒，两侧各饰卷云纹 2 朵，云尾向后，
近底部两侧各镂刻一扁三角形孔。身体与底座中空，与头通过实心
榫柱连接。泥质灰陶，较坚致。身躯、底座左右半模合制。

147. 黄釉碗

19CTF27T2719 ②：9
金代（1115～1234 年）
残长 6.4、残宽 3.8、厚 0.3 厘米

碗口沿及腹部残片。敞口，凸唇，斜曲腹。灰黄色胎，胎质疏松。内外满釉，较光亮，有细碎开片。内外素面，外壁口沿下有一周凹弦纹。

148. 菱形铜铺首

19CTF27T2619 ②：6
金代（1115～1234 年）
长 10.5、宽 7.2、圆环直径 2.2、钉长 10.3 厘米

基本完整，由菱形铺首和鼻环组成。铺首呈隆起菱形，由 12 枚长条形花瓣组成，其中横纵分线花瓣凸起较高。中间有一长方形孔，横长 0.8、高 0.6 厘米。孔内插有一双股鼻钉，前端圆环形，中部起脊。钉身双股均扁四棱形，尾端双股横折，其中一股残断。铜质，铺首和鼻环正面均有绿锈痕。

柒 墙体

内 149. "天字三尺" 款鸱吻

18CTT0738 ③ : 1

金代 (1115 ~ 1234 年)

长 95.6、宽 75.6、厚 22.5 厘米

基本完整, 可复原。由上、下二部分组成, 大致沿龙脊下部、龙角中部、前额上部斜分。下部龙首形, 龙角呈 "S" 形, 下部有分叉, 上有凹弦纹装饰。眉毛宽扁, 呈连弧形, 眉身分三道, 随眼眶拱起飞扬, 前端回卷。怒目圆睁, 前部凸圆睛, 后部眼白呈半月形隆起, 边缘有勾线。眼后为 "S" 形阔耳, 有多道肉褶。吻部宽短上扬, 正面有三道弧形肉褶。口大张, 有上牙 8 颗, 中间 4 颗为平板状, 两侧有尖牙和獠牙各 1 颗, 下牙 4 颗, 尖牙和獠牙各 2 颗。上下颌方正, 颌间有一竖板。腮肉圆鼓, 上饰凹点纹。腮翅连弧三角状, 每朵中部起棘刺。腮翅后有鬣毛三组, 长而上扬, 端部卷曲。最外侧有凸起的半弧形鳞片, 与前部用一宽凸弦纹分隔。额顶平阔内弧, 正中竖行刻写楷书 "天字三尺" 四字, 字口较深, 字迹清晰。上部被弧形龙脊分为两个区域, 上部区域为莲瓣形尾羽, 共 10 组, 尾羽端部后勾, 上缘、后缘均刻有随形凹槽。尾羽前方为卷顶, 自额顶向前弧形探出, 略与吻部平齐后回卷, 与后方尾羽相连。下部区域有残存鳞片、鬣毛、龙角的端部。龙脊略呈弓形, 上部连弧形, 下部素面平整。鳞片、鬣毛部残存长方形孔 3 个, 应为固定上下两部分的金属构件穿孔。鸱吻后端为约呈 45 度角斜置的竖向连接板, 可知该鸱吻为合角吻。泥质灰陶, 较坚致, 局部残有白灰。

⬤内 150. 三"内"字款条砖

18CTT0838②：102

金代（1115～1234年）

残长 19.1、宽 17.8、厚 5.3 厘米

长方形素面条砖，残存半块。正面平整，一端居中纵
向戳印相叠压的三个楷书"内"字，上、下二字字口
较深，笔画清晰，另一字居上下二字左中部，字口浅，
不清晰。上下二内字形、大小相同，字长3、宽2.8厘米。
背面粗糙，粘有少量白灰。泥质灰陶，较坚致。

151. 陶排水管

18CTT0639②：2

金代（1115～1234年）

长38.6、宽缘31.5、窄缘27.2、宽缘高17.2、窄缘高13.8、厚1.6～2厘米

半圆筒状，可复原。凸面光素平整，凹面布纹。前端宽厚，后端窄薄，两侧缘有内切痕。制作规整，前端沿面上有两道细凹弦纹。泥质灰陶，较坚致。

内 152. 白釉印花碗

19CTT1815 ②：2

金代（1115～1234 年）

口径 16.4、底径 6.6、高 7.3 厘米

可复原，底部略残。敞口微侈，圆唇，深曲腹，底较平，
圈足较高。胎色灰白，细腻坚致。釉色白泛灰黄，较光亮，
芒口，内外满釉。内壁满印花，近口沿处一周回纹，
腹壁缠枝花卉纹，底部折枝牡丹纹，腹底交接处有一
周细凹弦纹。外壁素面，轮旋痕明显。

153. 叉形器

金代（1115～1234年）

18CTT2738②：60，残长15.5、边股长5.3～5.9、宽6.2厘米，距尾端3.8厘米处弯曲

18CTT2738②：45，残长15、边股长5.1～5.6、宽7.3厘米，尾端残

18CTT2738②：12，残长22、边股长5.5～5.7、宽9.1厘米，距尾端4.5厘米处弯曲

18CTT2738②：18，残长19.6、边股长5.2～5.4、宽6.6厘米，距尾端4厘米处弯曲

18CTT2738②：48，残长20.7、边股长7.2～7.3、宽7.8厘米，距尾端2.5厘米处弯曲

有五股和三股两种，形制相似。五股叉形器中的中心股上下贯通，其余四股围绕中心股曲尺形等距排列，已向内弯曲变形。中心股上端尖头呈扁三角形，下端分为扁平状两股，其余四股尖头与中心股相同，下部单股弯曲。三股叉形器整体与五股相似，仅外围有两股，分股变形向内弯曲。5件叉形器均铁质，锈蚀严重，下部残断。此类器物有学者推测为宋金时期鸱吻顶部的拒鹊，起到防止鸟鹊落宿，保护鸱吻的作用。

154. 铁蒺藜

18CTT2738②：28（最右端）

金代（1115～1234年）

单股长 4.5～5.3、股间距 6.7～8.5 厘米

基本完整，共9枚，形状相同。四股尖刺，根部集结，各股截面为圆形，部分有弯曲。尖刺长短不同，基本可分为长 4.5～5.3 厘米和长 3.5～4 厘米两种规格。铁质，锻造，锈蚀严重。

捌　水井

155. 绿釉云鹤纹脊饰

19CTJ2：15-1

金代（1115 ～ 1234 年）

残长 15.6、残宽 18.4、厚 4 厘米

脊饰残件，存鹤首、颈部及云纹局部，弧板状。鹤头部近圆形，冠已残。圆凸睛，嘴微张，喙前部残缺。颈部弯曲，满披菱形羽。右下朵云仅残存云端部。正面满施绿釉，较光亮，有细碎开片。背面无釉，局部有纵向流釉痕，轮旋痕明显。泥质红陶，较疏松，云鹤纹饰均为模制后贴塑。

156. 嫔伽

19CTJ2：12

金代（1115～1234年）

残高24.9、宽12.9、厚16.8、翅长13厘米

残存躯干部分。上身着半袖素衣，双肩残有下垂缯带。胸前开敞，双臂上曲，双手捧桃形物。条状帔帛自上臂绕过后自然下垂呈"U"形，另两端贴双腿下垂，呈"S"形后飘。背生双翅，左翅已残，翅上层蕉叶形短覆羽，下两层为长飞羽。下身大腿上有蕉叶形覆羽，跗跖上饰弧形凹弦纹。正面两腿间残存5道竖向凹弦纹，不规整。背后尾部平伸，用凹弦纹表示长尾羽。身内和尾部中空，相互贯通。泥质灰陶，较坚致。身体部分左右半模合制，双翅为分体模制后插入背部。

可复原。敞口，薄唇，深曲腹，圈足较高。白胎细腻，薄且坚致。釉色白泛黄，较光亮，芒口，内外满釉，内壁有流釉痕。内外素面，内底轮旋痕明显。

⬤内 157. 白釉碗

17CTT1608②:13
金代（1115～1234年）
口径 19.2、底径 5.8、高 7.4 厘米

可复原。敞口，薄唇，深曲腹，圈足较高。白胎细腻，薄且坚致。釉色白泛黄，较光亮，芒口，内外满釉，外壁有流釉痕。内外素面，内底轮旋痕明显。

158. 黑釉双系罐

18CTT1608J1：20

金代（1115～1234 年）

口径 12、底径 8.4、高 17.2 厘米

基本完整，口部略残。直口微侈，圆唇，溜肩，鼓腹，圈足微
外撇，肩部附 2 泥条形耳。灰白胎，有砂粒，坚致。内满釉，
外施釉至下腹部，黑釉发木光。内外素面，有较多棕眼。

159. 铜坐龙

19CTJ2：2

金代（1115～1234 年）

通高 18.5、宽 16 厘米，重 1.96 千克

龙头顶独角，向斜后方上扬，端部内曲。头后饰内曲卷云纹 1 朵，其下为向后飞扬的鬣毛。昂首张口，眉上扬，细长目，长条状耳。吻部宽短、微上扬；下颌较短，颌下有卷云状胡须。阔口内残有獠牙 3 颗，舌尖向前平伸后微上扬。腮肉丰满，虬髯上扬后向内卷曲。颈部微后倾，前半部覆竖向鬣毛。龙身整体屈坐，肩微前弓。前右腿上抬，端部为鼓出的前爪，爪有三趾，趾端为尖甲，下踏祥云。祥云分为两部分，上部为两朵尖头朝下的如意形卷云纹，下部主体为向上飞扬的多组卷云，两端分别与前右腿和后右腿爪部相连。前左腿直立微后曲，爪部突出，三趾明显。双前腿肘部各饰一向斜后方飞扬的外曲卷云纹 1 朵，表示龙的双翼。双后腿向前平伸，端部爪突出，三趾不明显。尾部上翘，两组内曲卷云纹缠绕后延伸至后背中部。吻部、上腹和前后腿部均刻有横向短线纹，前后腿肘部刻划有卷曲的肘毛。在龙的左前腿爪底部、右侧祥云底部和尾部下端各有 1 组双股分开的扁钉残件，其中尾部扁钉保留较长，约 2～2.5 厘米。

159. 铜坐龙

19CTJ2：2

159. 铜坐龙

19CTJ2：2

160. 蘑菇形铜帽铁钉

18CTT1608J1：16

金代（1115～1234 年）

残长 15.6、帽径 9.2、帽高 5 厘米

基本完整，仅铁钉尖部残断。铜帽蘑菇形，可分三层。上层高，半圆球形，顶部略平。中层较矮，呈外突台阶状。下层较高，呈外突环状，底部外弧。钉身镶嵌于钉帽内部，截面四棱形，上大下小，下端残。钉帽黄铜质，铸造，钉身铁质，锻造，钉帽和钉身均有锈蚀痕。

内 161. 开元通宝

19CTJ2：22-1

唐代（618～907年）

直径 2.4、穿径 0.66 厘米

方孔圆钱，面文"开元通宝"，隶书，对读。正面钱文深峻清晰，内外郭高挺。背素面，内外郭低平。青铜质，铸造。

内 162. 唐国通宝

19CTJ2：30-1

南唐（937～975年）

直径 2.3、穿径 0.5 厘米

方孔圆钱，面文"唐国通宝"，篆书，对读。正面钱文深峻清晰，内外郭突出。背素面，内外郭低平。青铜质，铸造，锈蚀较严重。

内 163. 淳化元宝

19CTJ2：30-11

北宋（960～1127年）

直径 2.4、穿径 0.52 厘米

方孔圆钱，面文"淳化元宝"，草书，旋读。正面钱文深峻清晰，内外郭突出。背素面，内外郭低平。青铜质，铸造。

164. 咸平元宝

19CTJ2：30-2

北宋（960～1127 年）

直径 2.3、穿径 0.51 厘米

铸造，钱文清晰，楷书，旋读，背素。方孔圆钱，面文"咸平元宝"，楷书，旋读。正面钱文清晰，内外郭较突出。背素面，内外郭低平。青铜质，铸造，正面粘有铁锈痕。

165. 景德元宝

17CTT0422 ①：16-1

北宋（960～1127 年）

直径 2.4、穿径 0.57 厘米

方孔圆钱，面文"景德元宝"，楷书，旋读。正面钱文清晰，内外郭突出。背素面，内外郭低平。青铜质，铸造。

166. 天圣元宝

19CTJ2：30-22

北宋（960～1127 年）

直径 2.4、穿径 0.61 厘米

方孔圆钱，面文"天圣元宝"，楷书，旋读。正面钱文较深峻，清晰，内外郭突出。背素面，内外郭低平。青铜质，铸造，背面有铁锈痕。

内 167. 景祐元宝

19CTJ2：22-4

北宋（960～1127 年）

直径 2.3、穿径 0.69 厘米

方孔圆钱，面文"景祐元宝"，楷书，旋读。正面钱文较深峻清晰，内外郭突出。背素面，内外郭低平。青铜质，铸造。锈蚀较严重，背面粘有铁锈痕。

内 168. 嘉祐通宝

19CTJ2：30-14

北宋（960～1127 年）

直径 2.4、穿径 0.68 厘米

方孔圆钱，面文"嘉祐通宝"，篆书，对读。正面钱文较清晰，内外郭突出。背素面，外郭低平，内隐郭。青铜质，铸造，锈蚀严重，表面粘有铁锈痕。

内 169. 治平通宝

19CTJ2：30-9

北宋（960～1127 年）

直径 2.4、穿径 0.63 厘米

方孔圆钱，面文"治平通宝"，楷书，对读。正面钱文清晰，内外郭突出。背素面，内外郭低平。青铜质，铸造，锈蚀较严重。

⬜ 170. 治平元宝

17CTT0422 ①：10-2
北宋（960～1127 年）
直径 2.4、穿径 0.68 厘米

方孔圆钱，面文"治平元宝"，楷书，旋读。正面钱文较深峻，内外郭突出。背素面，内外郭低平，有移范迹象。青铜质，铸造。

⬜ 171. 熙宁元宝

19CTJ2：30-15
北宋（960～1127 年）
直径 2.3、穿径 0.58 厘米

方孔圆钱，面文"熙宁元宝"，篆书，旋读。正面钱文清晰，内外郭突出。背素面，内外郭低平，有移范迹象。青铜质，铸造。

⬜ 172. 熙宁元宝

19CTJ2：30-18
北宋（960～1127 年）
直径 2.3、穿径 0.55 厘米

方孔圆钱，面文"熙宁元宝"，楷书，旋读。正面钱文较清晰，内外郭突出。背素面，内外郭低平。青铜质，铸造。

内 173. 元丰通宝

19CTJ2：30-16
北宋（960～1127年）
直径2.3、穿径0.51厘米

方孔圆钱，面文"元丰通宝"，行书，旋读。
正面钱文深峻清晰，广穿，内外郭突出。背
素面，内外郭亦突出。青铜质，铸造。

内 174. 元祐通宝

19CTJ2：30-13
北宋（960～1127年）
直径2.3、穿径0.55厘米

方孔圆钱，面文"元祐通宝"，行书，旋读。
正面钱文深峻清晰，内外郭突出。背素面，
内、外郭较低平。青铜质，铸造。

内 175. 绍圣元宝

19CTJ2：22-8
北宋（960～1127年）
直径2.3、穿径0.49厘米

方孔圆钱，面文"绍圣元宝"，篆书，旋读。
正面钱文较深峻，清晰，内外郭突出。背素面，
外郭低平，内近隐郭。青铜质，铸造。

176. 元符通宝

19CTJ2：22-2
北宋（960～1127年）
直径 2.3、穿径 0.58 厘米

方孔圆钱，面文"元符通宝"，行书，旋读。正面钱文清晰，内外郭突出。背素面，内外郭低平。青铜质，铸造。

177. 政和通宝

19CTJ2：30-19
北宋（960～1127年）
直径 2.4、穿径 0.56 厘米

方孔圆钱，面文"政和通宝"，隶书，对读。正面钱文依稀可辨，内外郭突出。背素面，内外郭低平。青铜质，铸造，锈蚀严重，表面粘有铁锈。

玖 砖瓦沟

内 **178. 鸱吻**

19CZT0421Y20：101

金代（1115～1234 年）

残长 12.8、残宽 10.4、厚 4.3～5.5 厘米

仅存鬣毛端部。整体呈回卷状，器身中部用深凹弦纹
装饰。泥质灰陶，较坚致，表面残有少量白灰痕。

179. "修内司"款脊饰

19CZT0421Y20 ③: 1

金代（1115～1234 年）

残长 46.3、残宽 28.5 厘米

建筑脊饰残件。器型较大，方唇较厚，上凸，敛口，鼓肩，弧腹。右侧肩部竖刻行书"修内司"三字，中部斜刻四个"万"字。文字字口均较浅，较清晰。泥质灰陶，较坚致。

内 **180. 火焰纹脊饰**

19CZY20：8

金代（1115～1234 年）

残高 71.2、底径 54.5、厚 2.3 厘米

建筑脊饰残件，存腹、底部，个体较大。鼓腹，下腹斜直内收，平底中空。器腹部插有火焰形饰件，仅存 1 枚。火焰纹呈上腾状，分上中下 3 股，外侧边缘随形刻划阴线。从残存情况看，该器整个腹部应有 4 组火焰纹装饰。泥质灰陶，较坚致。火焰纹模制后贴塑，与器身连接处有榫头插入壁内。

181. 火焰纹构件

19CZT0618Y12②: 201

金代（1115～1234年）

残长34.3、残宽26.1厘米

建筑脊饰构件，为火珠边缘附属构件。整体呈上腾的火焰状，共3组火焰，其中上下两组为单股，中部一组端部为2股。上下两组火焰纹根部各有一个圆形榫头，用于插入火珠。火焰纹边缘刻出随形阴线凹槽。泥质灰陶，较坚致。

内 182. 葫芦形脊饰

19CZT0421Y20：201

金代（1115～1234 年）

残高 27.3、宽 21.9、残底径 15.8 厘米

建筑脊饰上部残件，呈葫芦形。上层个体较小，尖顶，端部残缺。下层个体较大，圆肩，鼓腹，下腹斜收，底部残缺。上下层外腹部均贴塑火焰纹装饰，共 4 组等距分布。上层火焰纹保存较好，呈上腾状，每枚均双股，外侧随缘刻划阴线。下层均已脱落，可见竖向贴塑槽。器内中空，上下贯通。泥质灰陶，较坚致。器身轮制，火焰构件模制后贴塑。

183. 覆莲纹脊饰

19CZT0421Y20 ②：1

金代（1115～1234 年）

口径 21、底径 68、高 28.2 厘米

可复原。覆盆形，应为建筑脊饰构件底座。厚方唇，敛口内平折，口中部开大圆孔，腹部斜直、平底、器内中空。外腹部饰覆莲纹 6 组，用双宽凸弦纹表示轮廓和脉线，端部回卷，每组中心贴塑一扇形饰件。6 组莲瓣之间有外突尖叶形花瓣相隔，花瓣上刻划细短线纹。泥质灰陶，较坚致，各饰件模制后贴塑。

内 184. 菊瓣纹贴饰

19CZT0421Y20：303

金代（1115～1234 年）

长 12.4、宽 12.3、厚 2 厘米

基本完整，为建筑贴饰组件。整体呈弧边方形，正面平整，中部为菊瓣纹，由七片花瓣和中心花蕊组成，每片花瓣内侧用凹线刻出脉线，花蕊表面满戳浅坑纹。外围装饰 4 组向两侧卷曲的叶纹。背面较粗糙，有浅凹坑。泥质灰陶，较坚致，模制。

内 185. 莲瓣纹贴饰

19CZT0421Y20：307

金代（1115～1234 年）

长 12.8、宽 10.5、厚 1.9 厘米

基本完整，建筑贴饰组件。平面为外突的莲瓣形，中部竖向花脉外突，外为宽边轮，底部瓣尖上凸。背面粗糙，有为增强粘合度而阴刻的线条。泥质灰陶，较坚致，模制。

186. 兽头

20CZⅡT1325H42①：11

金代（1115～1234年）

通高45.2、宽32.8，顶宽14.3、眼长7.2、眉长13、耳长9.5、吻长16.3厘米

基本完整，建筑脊头饰件。由龙首和浅弧形背板组成。龙口大张，吻部上扬，端部回卷，吻面有5条弧形肉褶。龙口内有上下牙，边缘尖牙，余平板状，上、下尖牙后侧各有獠牙1颗。舌已残断，正对龙口后侧弧版上有一圆孔贯通。龙首平额，眉毛宽扁，眉身分三股，前端回卷，眉尾上扬。眼眶突起呈波浪形，龙眼长圆，双目圆睁，凸睛前置，眼白半月形，后眼角斜立。眼后为弧边三角形耳，耳廓有筋线，中空。腮肉圆鼓，绕于口旁。虬髯分上下两组，呈弧边长条形，上端向内卷曲，刻划凹弦纹。下颌方正，下刻划三角形状短须，两侧各有一绺长须，向后飘扬，抵于虬髯底部。背板弧形，正面下方用两道"八"字形纵刻线及双横弧线表示龙身胸腹部，两侧有反"S"形纹。背板上宽下窄，较平整，有少量凹坑。泥质灰陶，较坚致，龙首各部件模制后贴塑于背板上。

内 187. 兽头

20CZⅡT1325H42①：17

金代（1115～1234年）

通高44、宽30、顶宽14.1、眼长7.1、眉长14、吻长17、背板下端宽14.6、厚2.6厘米

残存龙首部分，建筑脊头饰件。龙口大张，吻部上扬，端部回卷，吻面有7条弧形肉褶。龙口内有上下牙，上牙残，下牙基本完整。舌扁平，呈"S"形回卷，中部有竖向凹槽，正对龙口后侧弧板上有一圆孔贯通。龙首平额，眉毛宽扁，眉身分三股，前端回卷，后端残。眼眶突起呈波浪形，龙眼长圆，双目圆睁，凸睛前置，眼白半月形。眼后耳已残，存有根部耳廓筋线。腮肉圆鼓，两侧各有两组虬髯，上端回卷，满刻划凹弦纹。下颌方正，颌下刻划三角形状短须。背板上宽下窄，较平整，下部残。泥质灰陶，较坚致，龙首各部件模制后贴塑于背板上。

188. 龙角

20CZT1425：8

金代（1115～1234 年）

残长 21、分支处宽 5.1、厚 2.4 厘米

兽头右角，残缺角端部。整体呈"S"形，下部分支，生出一个向上小角。角身中部通体饰纵向凹弦纹，小角上下分别饰上弧和下曲的浅凹槽。龙角外侧扁圆，内侧平整，截面呈半圆形。泥质灰陶，较坚致。

189. 龙角

20CZT1525G2：161

金代（1115～1234 年）

残长 20.2、分支处宽 4.5、厚 2.5 厘米

兽头左角，残缺角根部。整体呈"S"形，端部回卷，下部分支，生出一个向上小角。角身中部通体饰纵向凹弦纹，小角上部饰上弧的浅凹槽。龙角外侧扁圆，内侧平整，截面呈半圆形。泥质灰陶，较坚致。

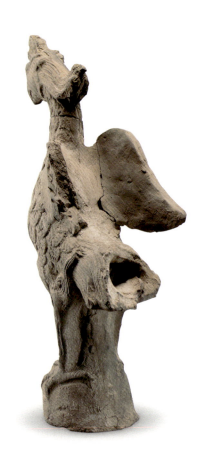

内 190. 凤鸟

20CZ Ⅱ T1525G2 ②：203

金代（1115～1234 年）

通高 38.4、残宽 21.2、底径 10.3、凤首长 12.3、翅长 12.5、底座高 7 厘米

基本完整，仅残缺左翅。祥云状高冠，眉细长，呈波浪状，眉身分三股，尾部上扬。细长目，圆睛微凸，喙部较大，喙尖下勾。面颊圆鼓，后有窄腮羽，上为卷曲状耳。头后发羽较长，下披后上扬，用细凹弦纹装饰。颈细长，呈"S"形弯曲，颈羽窄蕉叶形。腹部微凸，颈腹部饰八道横向凹弦纹。身披宽蕉叶形羽，上有凸弦纹羽脉。背生双翅，残缺左翅，右翅上部为半圆形短覆羽三层，下两层为长条形飞羽，羽上均有凹弦纹羽脉。尾羽向斜后方下垂，中空。大腿上有覆羽，腿后侧有腿毛两绺，上绺回卷作圆涡状，下绺长而上扬至尾中部。跗跖细长，上饰横向凹弦纹。爪有四趾，上刻划横道，趾端有尖甲。正面两腿间模制云头向前的卷云一朵，底座素面圆筒形。身内、底座、尾部中空，相互贯通。泥质灰陶，较坚致。凤鸟身体与底座左右半模合制，翅膀为分体模制后插入背部。

191. 凤鸟

20CZ Ⅱ T1325H42 ①：4

金代（1115～1234 年）

通高 39.4、残宽 18.8、底径 10.7、凤首长 12.2、底座高 6.4 厘米

基本完整，残缺双翅。祥云状高冠，微前倾。眉细长，呈波浪状，眉身分三股，尾部上扬。眼眶窄长外凸，细长目，圆睛微凸前置，眼白三角形。喙部较大，喙尖下勾。面颊圆鼓丰满，后有窄腮羽，上为卷曲状耳。头后发羽较长，下披后上扬，用细凹弦纹装饰。颈细长，呈"S"形弯曲，颈羽窄蕉叶形。腹部微凸，颈腹部饰十道横向凹弦纹。身披宽蕉叶形羽，上有凸弦纹羽脉。背生双翅，已残缺。尾羽向斜后方下垂，中空。大腿上有覆羽，腿后侧有腿毛两绺，上绺回卷作圆涡状，下绺长而上扬至尾中部。跗跖细长，上饰横向凹弦纹。爪有四趾，上刻划横道，趾端有尖甲。正面两腿间模制云头向前的卷云一朵，底座素面圆筒形。身内、底座、尾部中空，相互贯通。泥质灰陶，较坚致。

🔴内 192. 凤鸟

20CZ Ⅱ T1525G2：45

金代（1115～1234 年）

残高 13.2、宽 11.5 厘米

残存凤首及颈部。头顶为祥云状冠，眉上扬，细长目，圆睛，喙部较大，喙尖下勾。面颊部微鼓，后有窄腮羽，上为卷曲状耳。头后发羽较短，下披后平伸。颈部细长，披菱形覆羽，上有羽脉。泥质灰陶，较疏松，左右半模合制。

193. 凤鸟

19CZT0518Y12②：5

金代（1115～1234年）

残高 25.7、残宽 16.4、翅长 13 厘米

凤鸟身躯及尾部残块，个体较大。身羽下披，呈菱形尖叶状，上有短线纹。胸、腹部有弧凹弦纹7道。背生双翅，残存左翅，翅上部有半圆叶形短覆羽，下两层为长飞羽。尾向后下方伸出，尾羽下垂。大腿上有覆羽，后侧有圆涡状腿毛，蹄跖有弧凹弦纹。正面两腿间模制云头向前的卷云一朵，底座已残，身内与尾部中空贯通。泥质灰陶，较坚致。凤鸟身体为左右半模合制，翅膀为分体模制后插入凤鸟肩后。

194. 嫔伽

20CZ Ⅱ T1525G2 ②：82

金代（1115～1234 年）

通高 46.8、残宽 14.4、底径 12.5、头长 11.3、翅长 13.5 厘米

基本完整，仅左翅残。上身人形，下身鸟形，立于兽头形座上。面部丰颐，五官匀称，眉细长，双目刻画细致，细目凸睛，鼻梁较矮，小口，厚嘴唇，下颌圆润。颈部细长，有 3 道横向弧形凹弦纹。头发刻画精细，发际中分，向上拢于冠内。头戴花蔓冠，缯带由耳后侧垂下，搭于肩部，两侧均已残断，长耳。上身着半袖素衣，胸前开敞，双臂上曲，双手捧四曲圆盒状物。条状帔帛自双上臂绕过后自然下垂呈 "U" 形，另两端贴双腿下垂至底座上，呈 "S" 形后飘。背生双翅，左翅残，右翅上层为蕉叶形短覆羽，下两层为长飞羽。下身大腿上有蕉叶形短覆羽，跗跖上饰横向弧形凹弦纹。爪四趾，趾端有尖甲。正面两腿间刻 6 道竖向凹弦纹表示羽毛，不规整。尾部向后平伸，用长凹弦纹表示尾羽。底座兽头形，张口瞪目。嫔伽头内中空，顶部有一圆孔，颈项处实心榫状。身内、底座和尾部中空，相互贯通。泥质灰陶，较坚致。头部前后模制，身体左右半模合制，双翅为分体模制，最后组合成型。

❹ 195. 仙人

20CZⅡ T1325H42 ①：18

金代（1115 ～ 1234 年）

通高 50、残宽 13.6、底径 12.3、头长 10 厘米

基本完整，右臂稍残。上身前倾，立于云头形座上。面部丰颐，五官匀称，眉细长，双目刻画细致，细目凸睛，鼻梁较矮，小口，下颌圆润。头发刻画精细，发际中分，鬓发包耳，仅露耳下部。头戴小花蔓冠，高髻簪带，冠中心为双层半圆形装饰，两侧为菱形饰片。缯带由耳后垂下，搭双肩，端部贴于上臂外侧。上身着左衽交领长袍，广袖下垂。双臂上曲，双手拢于胸前，手捧花蕾。窄长条形帔帛自双肩绕过，正面自肩部下垂至腋下，后呈"S"形飘向身体两侧，背面自肩部自然下垂呈"U"形。下身着裙，背面腰部有下垂绦带，偏上部十字形系结装饰。足着云头履，稍残。底座云朵形高筒，两侧各饰卷云纹 2 朵。头内中空，顶部有一圆孔。身体和底座中空，相互贯通。泥质灰陶，较坚致。头部前后半模合制，身躯、底座左右半模合制，头与身体通过实心榫柱连接。

内 196. 仙人

20CZ Ⅱ T1525G2 ③：286

金代（1115～1234 年）

残高 11.2、宽 6.6、头长 10.5 厘米

仅存头部。面部丰颐，五官匀称，眉细长，双目刻画细致，细目凸睛，鼻梁较矮，小口，下颌圆润。头发刻画精细，发际中分，鬒发包耳，仅露耳垂。头戴花蔓冠，高髻簪带，冠中心为花瓣形宝珠，上为双层半圆形头饰，两侧为菱形饰片。缯带由耳后垂下，已残断。头内中空，顶部有一圆孔。颈项处实心榫状，榫头残断。泥质灰陶，较坚致，前后半模合制。

197. 素面筒瓦

20CZ Ⅱ T1525G2：244

金代（1115 ～ 1234 年）

长 30.7、宽 12.6、厚 1、穿孔径 1.6 厘米

基本完整，一侧边缘稍残。半圆筒状，凸面光素平整，凹面布纹，两侧缘有内切痕。瓦舌较短，端部方唇斜削，较厚。瓦身中部偏上有一圆形钉孔。泥质灰陶，含少量砂粒，较坚致，有烟熏痕迹。

内 198. 素面筒瓦

20CZ Ⅲ T1311F1：6

金代（1115～1234 年）

长 21.6、宽 8、厚 1.2、穿孔径 1 厘米

基本完整，一侧边缘稍残。半圆筒状，凸面
光素，凹面布纹，两侧缘有内切痕。瓦舌较短，
端部斜削，较厚。瓦身中部偏上有一圆形钉
孔。泥质灰陶，较疏松。

内 199. 双角兽面纹瓦当

20CZ Ⅲ T1510F15：14

金代（1115～1234 年）

直径 14.7、当心厚 2.6、边轮宽 2.7、边轮厚 1.6 厘米

基本完整，外轮略残。正面中部为浮雕兽面，额生双角，向外
分张，角端向下弯曲，外侧有竖向鬃毛。双眉斜竖，二目圆睁
外凸，外眼角斜上方为弧形耳。鼻三角形，大嘴宽扁，露上排齿，
啮咬下唇，两侧有獠牙。腮肉圆鼓，两侧各有两组虬髯，上端
向内卷曲。颌下有胡须两绺，向外分张，端部回卷。外为一周
凸弦纹，再外为较宽的边轮。瓦当背面光素，上部边缘可见连
接筒瓦的放射状沟纹线。泥质灰陶，较坚致。

200. 双角兽面纹瓦当

20CZ Ⅲ T1510F15：2
金代（1115～1234年）
直径8.2、当心厚1.9、边轮宽1～1.3、边轮厚1.2厘米

基本完整，外缘稍残。正面中部浮雕兽面，额生双角，向外分张，角端向下弯曲。双眉斜竖，尾端上扬，二目圆睁，外眼角后为"Y"形耳。三角形鼻，大嘴宽扁，露上排齿，啮咬下唇部，两侧有獠牙。腮肉微鼓，两侧各有两组虬髯，端部上卷。颔下有胡须两绺，左右分张，端部回卷。外为一周凸弦纹，再外为边轮。背面光素，上半部边缘可见连接筒瓦的放射状沟纹线。泥质灰陶，较疏松。

201. 无角兽面纹瓦当

19CZT10518Y12②：101
金代（1115～1234年）
直径10.1、当心厚1.7、边轮宽1.4、边轮厚1.2厘米

可复原，左上部略残。正面当心浮雕兽面，额部为竖向鬃毛。双眉斜立，尾端上扬。二目圆睁外凸，眼球和眼白间凹弦纹较深。眼外侧为"Y"形耳，端部回卷。鼻三角形，腮肉圆鼓，左右各有两组虬髯，端部回卷。阔口咧张呈壶门形，露双排齿，上排6齿，下排7齿，最外侧为尖牙，上排中间4齿齿尖向前。颔下胡须2绺，左右分张，端部卷曲。兽面外为一周凸棱，再外为宽边轮。背面平整，上部边缘可见连接筒瓦的放射状沟纹线。泥质灰陶，较坚致。

内 **202. 无角兽面纹瓦当**

20CZ Ⅲ T1508Y8：2

金代（1115～1234年）

直径12.5、当心厚1.7、边轮宽1.8、边轮厚1.6厘米

基本完整，外缘稍残。正面中部浮雕兽面，额上部为竖向鬣毛。双眉斜立，二目圆睁，扁平三角形鼻，大口咧张，露双排齿，可见上下牙各6颗。腮肉微鼓，两侧有回卷虬髯，模糊不清。下颌方正，颌下有多道竖向短须。外为一周凸弦纹，再外为边轮。背面光素，上部边缘可见5组连接筒瓦的放射状沟纹线。泥质灰陶，较坚致。

203. 兽面纹瓦当

19CZT0420Y17：1

金代（1115～1234 年）

直径 12.6、当心厚 2.4、边轮宽 2、边轮厚 1.3 厘米

可复原，右上部残缺。正面当心浮雕兽面，较模糊。额中部有一直立独角，两侧为竖向鬃毛。双眉斜立，二目圆睁，耳部不明显。扁平三角形状鼻，大嘴咧张，嘴角上扬，露双排齿，上下各 6 颗，最外侧为尖牙。腮肉圆鼓，外围有虬髯。下颌方正，颌下有竖向短须。兽面外为一周凸棱，再外为边轮。背面平整，上部边缘可见连接筒瓦的放射状沟纹线。泥质灰陶，较坚致。

内 **204. 兽面纹瓦当**

19CZT0322Y22：1

金代（1115～1234 年）

直径 10.1、当心厚 2、边轮宽 1.2、边轮厚 1.5 厘米

基本完整，边轮右侧稍残。正面中部为浮雕兽面，较模糊。兽额中部有一直立独角，两侧为竖向鬃毛。双眉斜立，尾部后扬。二目圆睁，眼后为"Y"耳，三角形鼻。大嘴宽扁咧张，嘴角上扬，口露单排齿。腮肉圆鼓，左右各有两组虬髯，尾端回卷。颌下有胡须两绺，左右分张，端部向内卷曲。兽面外一周凸棱，再外为边轮。背面光素平整，上部边缘可见连接筒瓦的放射状沟纹线。泥质灰陶，较坚致，模制。

内 **205. 兽面纹瓦当**

20CZ Ⅱ T1525G2：155

金代（1115～1234 年）

直径 12.6、当心厚 2.2、边轮宽 2.5、边轮厚 1.5 厘米

基本完整，外缘稍残。正面中部浮雕兽面，额中部有一直立独角，两侧分列竖向鬃毛。双眉斜立，尾部尖而上扬。二目圆睁外凸，后侧为"Y"形耳。鼻扁三角形，大嘴宽扁上咧，露上排齿，啮咬下唇，两侧有獠牙。腮肉圆鼓，外围两侧各有 2 两组上扬虬髯，端部向上回卷。颌下有胡须两绺，左右分张。兽面外一周凸棱，再外为较宽边轮。背面光素，上部边缘可见连接筒瓦的放射状沟纹线。泥质灰陶，较疏松。

[宫] 206. 兽面衔环纹瓦当

20CZ Ⅱ T1525G2：87

金代（1115～1234年）

直径 10.3、当心厚 2、边轮宽 1.6、边轮厚 1.5 厘米

基本完整，微变形。正面当心浮雕兽面，额中部有直立独角，两侧有竖向鬃毛。双眉斜立，尾端上扬。二目圆睁外凸，眼外角斜上方为"Y"形耳。三角形鼻，大嘴宽扁微张，露上排齿6颗，啮咬下唇，口内衔竹节状环。腮肉圆鼓，两侧各有虬髯2组，端部向内回卷。兽面外为凸棱纹，再外为边轮。背面光素，上部边缘可见连接筒瓦的放射状沟纹线。泥质灰陶，坚致。

[宫] 207. 兽面连珠纹瓦当

20CZ Ⅱ T1525T1525G2 ②：160

金代（1115～1234年）

直径 12.5、当心厚 2.8、边轮宽 2.2、边轮厚 1.6 厘米

基本完整，外缘稍残。正面中部浮雕兽面，额中部有一直立独角，两侧分立卷曲鬃毛，端部下卷。双眉斜立、二目圆睁外凸，眼后侧为"Y"形耳。鼻三角形外凸，大嘴宽扁上咧，露上排齿6颗，啮咬下唇，两侧为獠牙。腮肉圆鼓，外围有上扬虬髯。颌下有根条状胡须，左右分张。兽面外一周连珠纹，再外为较宽的边轮。背面光素，上部边缘可见连接筒瓦的放射状沟纹线。泥质灰陶，较疏松。

內 **208. 素面板瓦**

20CZ Ⅱ T1325H42：3

金代（1115～1234 年）

长 20、宽缘 10.8、窄缘 9.6、厚 1.3 厘米

基本完整，窄缘较薄，宽缘较厚，两侧缘有内
切痕。凸面光素，有轮旋痕，凹面平整，饰布纹。
泥质灰陶，较坚致。

　209. 素面板瓦

20CZ Ⅲ T1510F15：50
金代（1115～1234 年）
长 35.4、宽缘 25.1、窄缘 22.2、厚 1.8 厘米

基本完整，一角略残。凸面光素，凹面布纹。窄缘较薄，宽缘较厚，两侧缘有内切痕。泥质灰陶，较坚致。

❀ 210. 檐头板瓦

20CZⅡT1325T1525G2③：242

金代（1115～1234年）

长36.4、宽20.6、厚1.8厘米

残存滴水和后部板瓦多半。滴水檐面为弧形，分布呈横向四段式，第一、三段为素面凸棱，第二段较宽，为间隔左向戳印的坑窝纹，坑窝内有短斜线，第四段为连续按压波浪纹。后附板瓦，凸面光素，凹面布纹，两侧缘有内切痕。泥质灰陶，较坚致。滴水和板瓦分别模制后粘接。

❀ 211."官"字款条砖

20CZTⅢ1510F15：67

金代（1115～1234年）

残长20.2、宽16.2、厚5.2厘米

长方形素面条砖，残存约半块。正面较平整，背面粗糙。砖的一侧中部斜向戳印一楷书"官"字，官上部失点，字口深峻，字迹清晰，字长2.2、宽2厘米。泥质灰陶，较疏松。

🔲 **212. "宫"字款条砖**

19CZY22：101

金代（1115～1234年）

残长17.2、宽17.2、厚5.2厘米

长条形素面条砖，残存约半。正面较平整，有烧造中形成的鼓包，右上部斜向戳印一楷书"宫"字，字口较深，笔画清晰。背面粗糙，有少量凹坑。泥质灰陶，较疏松。

🔲 **213. "宫"字款条砖**

20CZT Ⅲ 1510F15：57

金代（1115～1234年）

长35.4、宽16.8、厚4.5厘米

长方形素面条砖，完整。正面平整，中部有一条纵向细凸棱。背面粗糙，有少量凹坑。砖一侧面左部，戳印一楷书"宫"字，字口较浅，字迹较清晰，字长2.3、宽2.1厘米。泥质灰陶，较疏松。

内 214. "内"字款条砖

20CZ Ⅲ T1510F15：203

金代（1115～1234 年）

残长 19.3、宽 17.4、厚 4.8 厘米

长方形素面条砖，残存约半块。正面较平整，左侧斜向戳印一楷书"内"字，字口深峻，字迹清晰，字长 3.2、宽 2.9 厘米。背面粗糙、有多处凹坑。泥质灰陶，较疏松。

内 215. "内"字款条砖

20CZT Ⅲ 1510F15：72

金代（1115～1234 年）

长 34.8、宽 16.2、厚 5.1 厘米

长方形素面条砖，完整。正、背面均凹凸不平，有多处粘砂点，微变形。砖一侧中部斜向戳印一楷书"内"字，字口较浅，字迹清晰，字长 3、宽 2.8 厘米。泥质灰陶，较疏松。

宫 **216. 双"内"字款条砖**

19CZY28：101

金代（1115～1234年）

长 36.9、宽 16.5、厚 4.8 厘米

长方形素面条砖，完整。正面较平整，中部有一纵向细凸棱。背面粗糙，中上部有按印的左手印纹，较浅，手印纹左下部刻划斜线两道。砖一侧两端，各斜向戳印"内"字 1 个，字口较深，笔画清晰，字形、大小相同，字长 2.5、宽 2.5 厘米。泥质灰陶、较坚致。

217. 五 "内" 字款条砖

20CZT Ⅲ 1510F15：202

金代（1115～1234 年）

长 36.6、宽 16.8、厚 5.1 厘米

长方形素面条砖，完整。正面较平整，有少量凹坑。
背面粗糙，粘有少许白灰。砖的一侧斜向戳印五个楷
书 "内" 字，字口较浅，字迹清晰，字形、大小相同，
字长 3、宽 2.8 厘米。泥质灰陶，较疏松。

218. 双 "内" 字款沟纹方砖

20CZT Ⅲ 1510F15：101

218. 双"内"字款沟纹方砖

20CZT Ⅲ 1510F15：101

金代（1115 ～ 1234 年）

长 36、宽 36.6、厚 5.4 厘米

方砖，基本完整。正面光素平整，背面中部有纵向沟纹 9 道，纹宽 0.6 ～ 1.4、间距 1.7 ～ 3 厘米，沟纹下部戳印二楷书"内"字，左右并列，字形和大小相同，左侧字迹较清晰，字长 4.3、宽 3 厘米。泥质灰陶，较疏松。

219. 束莲纹砖

20CZ Ⅱ T1525G2：98

金代（1115 ～ 1234 年）

残长 17.3、残宽 18.6、厚 4 厘米

长方形贴饰砖残件，仅存中部。正面模印高浮雕束莲纹，仅见茨菰、莲蕾，茎下部以绦带纨束。背面光素平整。泥质灰陶，较疏松。

内 220. 壶门形牡丹纹砖

20CZ Ⅱ T1525G2：201

金代（1115～1234 年）

残长 13.2、宽 22.5、厚 3 厘米

长方形贴饰砖残件，仅存一侧。正面浮雕壶门形开光，开光内为折枝牡丹花叶纹，残存花叶和一朵花头。壶门外突，上饰两道凹弦纹。开光外侧饰缠枝卷草纹。背面光素，凹凸不平。泥质灰陶，较疏松。

221. 花卉纹手印方砖

19CZT0225Y29：7

金代（1115～1234 年）

长 30.9、宽 27.6、厚 4.2 厘米

方砖，完整。正面中部模印四组相嵌套的圆形花叶纹，其中每组由外围的 4 片椭圆形叶脉纹和中心的 4 片十字花叶纹组成，花纹外围有凹弦纹边框。整体花纹向四边砖外延伸，与其他同类方砖共同组成连续花纹装饰。背面较粗糙，有较多凹坑，中部斜向按压右手印纹。泥质灰陶，较坚致。

223. 化妆白瓷刻花盘

20CZ Ⅲ T1510F15：31

金代（1115～1234 年）

口径 20.8、底径 6.6、高 4.2 厘米

可复原，残存多半部。敞口微侈，圆唇，浅曲腹，内底较平，矮圈足。灰白胎，坚致。内外满施化妆土后上白釉，器外圈足和近足处无化妆土和釉，釉色较光亮，发木光。器内腹和底刻划侧莲花和莲叶纹，其中莲叶上刻划叶脉。莲纹以外部分用篦划纹填充，外围有一周细凹弦纹，内底残留 5 颗竖向支钉痕。圈足外墙较直，内墙微外撇，足内旋削痕明显。

内 224. 铜镞

20CZ Ⅲ T1311F1：1
金代（1115～1234年）
长3.9、宽1.1、銎径0.8厘米

有銎式三翼镞。銎部圆形，空心。镞身出纵向三翼，翼边缘有刃，截面三角形，镞尖锋利。铜质，铸造，锈蚀较严重。

内 225. 开元通宝

20CZ Ⅲ T1311 扩③：1
唐代（618～907年）
直径2.44、穿径0.52厘米

方孔圆钱，面文"开元通宝"，隶书，对读。正面钱文依稀可辨，内外郭较平。背素面，有较多绿锈。青铜质，铸造，锈蚀严重。

226. 元丰通宝

20CZ Ⅲ T1311F1：3

北宋（960～1127年）

直径2.51、穿径0.57厘米

方孔圆钱，面文"元丰通宝"，篆书，旋读。正面钱文清晰，内外郭突出。背素面，内外郭低平。青铜质，铸造，锈蚀较严重。

227. 大观通宝

20CZ Ⅱ T1425H39：14

北宋（960～1127年）

直径2.51、穿径0.57厘米

方孔圆钱，面文"大观通宝"，楷书，对读。正面钱文深峻清晰，内外郭突出。背素面，内外郭亦突出。青铜质、铸造、制作规整。